BESTACTIVITYBOOKS.COM

Descubra Juegos Gratis Online

Disponibles Aquí:

BestActivityBooks.com/FREEGAMES

5 CONSEJOS PARA EMPEZAR

1) CÓMO RESOLVER LAS SOPA DE LETRAS

Los rompecabezas tienen un formato clásico:

- Las palabras se ocultan sin espacios ni guiones,...
- Orientación: Las palabras pueden escribirse hacia delante, hacia atrás, hacia arriba, hacia abajo o en diagonal (pueden estar invertidas).
- Las palabras pueden superponerse o cruzarse.

2) APRENDIZAJE ACTIVO

Junto a cada palabra hay un espacio para anotar la traducción. Para fomentar un aprendizaje activo, un **DICCIONARIO** al final de esta edición te permitirá comprobar y ampliar tus conocimientos. Busca y anota las traducciones, encuéntralas en el puzzle y añádelas a tu vocabulario!

3) MARCAR LAS PALABRAS

Puedes inventar tu propio sistema de marcado. ¿Quizás ya usas uno? También puedes, por ejemplo, marcar las palabras difíciles de encontrar con una cruz, las que te gustan con una estrella, las nuevas con un triángulo, las raras con un diamante, etc.

4) ESTRUCTURAR EL APRENDIZAJE

Esta edición ofrece un **CUADERNO DE NOTAS** muy práctico al final del libro. En vacaciones, de viaje o en casa, podrás organizar fácilmente tus nuevos conocimientos sin necesidad de un segundo cuaderno!

5) ¿HABÉIS TERMINADO TODAS LAS PARRILLAS?

En las últimas páginas de este libro, en la sección **DESAFÍO FINAL**, encontrarás un juego gratis!

¡Rápido y sencillo! Echa un vistazo a nuestra colección de libros de actividades para tu próximo momento de diversión y aprendizaje, ¡a sólo un clic de distancia!

Encuentre su próximo reto en:

BestActivityBooks.com/MiProximoLibro

En sus marcas, listos, ¡Ya!

¿Sabías que hay unas 7.000 lenguas diferentes en el mundo? Las palabras son preciosas.

Nos encantan los idiomas y hemos trabajado duro para crear libros de la más alta calidad para tí. ¿Nuestros ingredientes?

Una selección de temas adecuados para el aprendizaje, tres buenas porciones de entretenimiento, y luego añadimos una cucharada de palabras difíciles y una pizca de palabras raras. Los servimos con cariño y máxima diversión para que puedas resolver los mejores juegos de palabras y te diviertas aprendiendo!

Tu opinión es esencial. Puedes participar activamente en el éxito de este libro dejándonos un comentario. Nos encantaría saber qué es lo que más le ha gustado de esta edición.

Aquí hay un enlace rápido a tu página de pedidos:

BestBooksActivity.com/Opiniones50

Gracias por tu ayuda y diviértete!

Todo el equipo

1 - Ajedrez

```
W T V V W P P O I N A P O W
H C W A W E U Z K O N T E S
M E D O A N J T I P V T A T
A F W P K G R H I E K U T R
O D A M T O O C Z H L R U A
Q D K R U R P R V S A N R T
H I T A M B E A S H W A A E
V A F J V A R T S N A M N G
C G U A R N M U T I N E S I
T O G B F A A K E M F N B B
F N P D W N I C E R D I K G
D A F A A L N Q F N W I B Y
A L F X J U A R A S A X Q B
P E M A I N N Z U O K V P L
```

PUTIH   LAWAN
JUARA   PASIF
KONTES   POIN
DIAGONAL   ATURAN
STRATEGI   RATU
CERDIK   RAJA
PERMAINAN   PENGORBANAN
PEMAIN   WAKTU
HITAM   TURNAMEN

2 - Agua

```
I  H  K  Z  U  Q  X  R  W  R  J  A  Y  Q
R  U  E  B  A  D  A  I  C  K  D  K  S  F
I  J  L  L  S  A  L  J  U  M  A  N  D  I
G  A  E  L  A  E  F  U  W  T  N  N  H  M
A  N  M  E  M  U  S  I  M  N  A  S  A  K
S  G  B  S  U  S  T  Z  U  V  U  U  L  L
I  O  A  P  E  N  G  U  A  P  A  N  B  E
E  C  B  A  N  J  I  R  H  N  P  G  B  M
K  O  A  G  E  Y  S  E  R  V  W  A  O  B
H  T  N  N  Z  H  D  B  N  L  V  I  A  A
V  P  B  Q  K  M  C  O  E  L  M  R  J  B
O  E  K  K  V  J  V  W  O  B  O  Q  A  Z
U  W  A  Z  X  G  E  L  O  M  B  A  N  G
E  M  B  U  N  B  E  K  U  U  J  M  Q  K
```

KANAL
MANDI
PENGUAPAN
GEYSER
EMBUN BEKU
ES
KELEMBABAN
BADAI
LEMBAB
BANJIR

DANAU
HUJAN
MUSIM
SALJU
LAUT
GELOMBANG
IRIGASI
SUNGAI
UAP

3 - Granja #2

```
Y  R  V  D  S  S  A  V  T  B  E  B  E  K
I  C  J  V  O  G  L  J  R  E  B  I  O  I
G  D  T  L  S  M  O  P  A  E  H  U  M  T
U  O  V  L  H  U  B  C  K  H  V  D  A  H
D  R  M  A  W  G  S  A  T  I  K  B  K  H
A  C  D  M  J  T  Q  U  O  V  J  F  X  I
N  H  J  A  G  U  N  G  R  E  E  J  F  R
G  A  H  A  I  G  E  M  B  A  L  A  W  I
T  R  F  Q  P  R  L  U  V  V  A  K  M  G
K  D  B  O  X  P  E  T  A  N  I  M  A  A
G  A  N  D  U  M  A  K  A  N  A  N  T  S
P  A  D  A  N  G  R  U  M  P  U  T  A  I
U  C  M  X  H  Q  B  I  N  A  T  A  N  G
S  A  Y  U  R  M  A  Y  U  R  T  D  G  H
```

PETANI	MATANG
BINATANG	JAGUNG
JELAI	DOMBA
BEEHIVE	GEMBALA
MAKANAN	BEBEK
BUAH	PADANG RUMPUT
GUDANG	IRIGASI
ORCHARD	TRAKTOR
SUSU	GANDUM
LLAMA	SAYUR-MAYUR

4 - Pesca

```
P E R A H U K K A W A T T A
E T M B E R L E B I H A N I
R J H S D E A R Q T P T R R
A E M J Z J U A F M B I B W
L K O M V T T N J S B E B D
A C E U Z L M J K Q V X H Y
T E U S M K P A N T A I Y R
A S A I A A B N U M P A N A
N I I M R B S G B E R A T H
D I N R S J A A Q J N O E A
A T P S I N L R K O C S H N
N H C O B P J P A Q M I M G
A S U N G A I L P N K A I T
U I N S A N G K X T T M S H
```

AIR   KAIT
SIRIP   DANAU
PERAHU   RAHANG
INSANG   LAUT
KAWAT   KESABARAN
UMPAN   BERAT
KERANJANG   PANTAI
MASAK   SUNGAI
PERALATAN   MUSIM
BERLEBIHAN

5 - Aviones

```
A A K P K O N S T R U K S I
U W L E S P E N U M P A N G
D A Y N K E T I N G G I A N
A K H D A L J M E S I N A I
R S U A S A N A E E V L Q G
A T F R A P L I R B A L O N
L I B A L I N G B A L I N G
A N W T A L E V X K H X X M
N G D A A O A D E S A I N H
G G E N U T R G O W R E O P
I I M K H J A K O K U W U R
T D M Q L B H I D R O G E N
P E T U A L A N G A N D F Z
B A H A N B A K A R H K N V
```

UDARA	DESAIN
KETINGGIAN	BALON
TINGGI	BALING-BALING
PENDARATAN	HIDROGEN
SUASANA	SEJARAH
PETUALANGAN	MESIN
LANGIT	PENUMPANG
BAHAN BAKAR	PILOT
KONSTRUKSI	AWAK
ARAH	

6 - Tipos de Cabello

```
T  I  P  I  S  C  P  B  O  T  A  K  D  T
I  V  E  T  H  O  E  E  U  W  M  E  A  E
Y  M  R  A  U  K  N  R  P  U  T  I  H  B
I  K  A  L  R  E  D  G  E  D  Z  L  M  A
V  H  K  I  K  L  E  E  L  I  W  N  Q  L
B  L  I  Z  P  A  K  L  X  K  I  Q  K  O
P  E  Z  T  P  T  U  O  S  E  H  A  T  K
A  M  R  L  A  P  C  M  P  P  J  B  N  E
N  B  S  K  D  M  J  B  I  A  X  U  N  R
J  U  Z  A  I  R  V  A  R  N  L  A  I  I
A  T  F  O  P  L  Y  N  A  G  R  B  C  N
N  O  F  Z  B  M  A  G  N  M  T  U  Z  G
G  J  S  C  D  Z  R  U  G  G  O  Y  W  V
K  E  R  I  T  I  N  G  K  E  P  A  N  G
```

PUTIH	BERGELOMBANG
BERKILAU	PERAK
BOTAK	KERITING
PENDEK	IKAL
TIPIS	PIRANG
ABU-ABU	SEHAT
TEBAL	KERING
PANJANG	LEMBUT
COKELAT	DIKEPANG
HITAM	KEPANG

7 - Herramientas de Cocina

```
E  Y  R  J  Q  J  C  V  V  T  E  S  A  Y
D  R  M  Y  U  B  R  H  C  Z  M  A  L  Q
N  N  I  L  P  I  P  X  U  S  K  R  A  W
G  J  U  R  Z  E  C  W  J  Q  O  I  T  G
N  C  X  A  D  L  B  E  K  L  M  N  M  K
E  L  W  U  Z  J  L  E  R  I  P  G  A  U
T  E  R  M  O  M  E  T  E  R  O  A  K  L
Y  S  O  V  E  N  N  P  Y  G  R  N  A  K
Q  Y  E  V  J  C  D  I  A  A  Q  R  N  A
X  F  N  N  O  A  E  S  O  R  O  Y  W  S
B  I  N  T  D  Y  R  A  L  P  U  M  P  V
J  X  Z  F  K  O  T  U  T  U  P  T  A  L
S  U  D  I  P  U  K  E  T  E  L  K  A  U
I  S  G  U  N  T  I  N  G  D  A  K  B  N
```

BLENDER	JUICER
KETEL	OVEN
SARINGAN	PARUTAN
ALAT MAKAN	KULKAS
SENDOK	TUTUP
PISAU	GARPU
SUDIP	TERMOMETER
KOMPOR	GUNTING

8 - Ciencia Ficción

```
F A I S R O B O T A U P R P
O F S D U U I D N P O E L
F Q J N I K K L U A C I A A
L U K V Y U U N T O M L N
T E T O K T G S I O R A I E
E K D U Z O A I A M A J S T
K S O A R P I N B C C I T H
N T T Z K I B L X G L N I V
O R S L I A S N P A E E S H
L E J A U H N T C L J R B R
O M A F L N Z E I A J M M B
G B I O S K O P V K N V Z U
I G V X C R Y L O S Z M L A
F A N T A S T I S I L W G W
```

ATOM	IMAJINER
BIOSKOP	BUKU
JAUH	GAIB
LEDAKAN	DUNIA
EKSTREM	ORACLE
FANTASTIS	PLANET
API	REALISTIS
FUTURISTIK	ROBOT
GALAKSI	TEKNOLOGI
ILUSI	UTOPIA

9 - Juguetes

```
Y  C  T  D  H  P  M  U  M  J  Q  T  S  K
C  A  T  Q  W  E  O  G  Q  W  T  A  E  E
G  A  C  Q  J  S  J  O  X  O  I  N  P  R
D  V  T  W  F  A  V  O  R  I  T  A  E  A
F  U  T  U  C  W  M  O  B  I  L  H  D  J
P  F  I  M  R  A  S  T  C  P  H  L  A  I
Q  E  H  G  A  T  B  U  K  U  I  I  T  N
X  O  R  Y  R  R  O  B  O  T  N  A  R  A
P  O  X  M  W  J  L  D  R  U  M  T  U  N
P  E  R  T  A  I  A  R  E  G  G  Y  K  N
D  H  R  A  C  I  T  E  K  A  T  E  K  I
L  I  M  A  J  I  N  A  S  I  L  X  I  Q
P  U  D  P  H  Q  U  A  K  E  R  E  T  A
V  T  N  G  N  U  B  O  N  E  K  A  D  T
```

CATUR	IMAJINASI
TANAH LIAT	PERMAINAN
KERAJINAN	BUKU
PESAWAT	BONEKA
PERAHU	CAT
SEPEDA	ROBOT
BOLA	TEKA-TEKI
TRUK	DRUM
MOBIL	KERETA
FAVORIT	

10 - Circo

```
P  E  N  O  N  T  O  N  X  W  A  T  W  P
S  P  E  K  T  A  K  U  L  E  R  L  E  E
R  X  X  I  K  O  S  T  U  M  Z  B  S
V  L  R  G  A  F  D  B  X  B  G  Q  I  U
S  I  H  I  R  K  H  A  R  I  M  A  U  L
S  B  W  Y  I  L  R  L  F  N  I  M  M  A
I  H  A  M  F  B  O  O  O  A  R  O  E  P
N  I  P  D  H  H  F  N  B  T  Y  N  N  P
G  I  A  A  U  U  Y  F  M  A  U  Y  G  E
A  B  S  W  R  T  L  L  U  N  T  E  H  R
M  U  S  I  K  A  B  Q  D  G  I  T  I  M
T  E  N  D  A  S  D  T  B  O  K  Z  B  E
G  A  J  A  H  D  N  E  Y  G  E  S  U  N
J  U  G  G  L  E  R  Z  G  V  T  N  R  O
```

AKROBAT   BALON
BINATANG   SINGA
TIKET   SIHIR
PERMEN   PESULAP
TENDA   JUGGLER
PARADE   MONYET
GAJAH   MUSIK
MENGHIBUR   BADUT
SPEKTAKULER   HARIMAU
PENONTON   KOSTUM

11 - Rellenar

```
D N P L P K E C W O I X Y B
D U V V A S O W C N S I C A
D X J N K C T P F S E N L S
F S N Z E S I Y E M B E R K
S A K U T I Z A A R C F M O
K A R T O N S K O T A K B M
I M K A B A R E L J A R P A
R P I B O W G S O I O S P P
X L S U T F K R B N R C H R
Y O X N O K E R A N J A N G
T P I G L U S T K X V L P Y
X H D X C O P A I H H E R I
B M Q Z P Y X Q H C N G X M
S T O Q K A V C T S R I F W
```

BAKI	KERANJANG
BAREL	EMBER
TAS	BASKOM
SAKU	VAS
BOTOL	KOPER
KOTAK	PAKET
LACI	AMPLOP
MAP	JAR
KARTON	TABUNG

12 - Granja #1

```
U O L B S K G Z F M H S K I
L J E E A M U A S R W E A Q
F A B T Y P Z C G F D G M V
I Z A I A C J X I A X P B I
C I H S N L P M L N K P I V
R W I A G P U T Y M G E N C
O L K B S A P I N Z B R G H
A N J I N G U X I F N T U U
R B T D N A K A Y A M A L V
N E L A V R I I X P S N V K
A N M N N J E R A M I I J U
S I J G E A H L Z B D A D D
I H K U R U H S O R C N X A
Q Q K B K E L E D A I A J E
```

LEBAH
PERTANIAN
AIR
NASI
KELEDAI
KUDA
KAMBING
BIDANG
GAGAK
PUPUK

KUCING
JERAMI
SAYANG
ANJING
AYAM
BENIH
BETIS
TANAH
SAPI
PAGAR

13 - Camping

```
B A D C G L D W B T Q C P T
U I S N J U S U Y N F Z C C
L Y N K A B I N Q V V Z X W
A S V A L A M O Z J Z S D N
N E B N T B E R B U R U O K
S R H O A A T O P I P E T A
O A V P L P N L E N T E R A
X N K Q I I J G L T B P X P
K G X I Y W H O U E N O P Q
P G I P E D O U N N P H S C
D A N A U H L U T D U O H J
H H P E R A L A T A N N V T
K O M P A S Y E S H N Z G R
P E T U A L A N G A N E Z K
```

BINATANG	PERALATAN
PETUALANGAN	API
POHON	SERANGGA
HUTAN	DANAU
KOMPAS	LENTERA
KABIN	BULAN
KANO	PETA
TENDA	GUNUNG
BERBURU	ALAM
TALI	TOPI

14 - Fruta

```
K G M A N G G A F B Z P K K
R Q C P I R V G K M O E E I
R C N E C T A R I N E P L W
O G V L R A N G G U R A A I
Q R U U V I D B E N B Y P P
L E M O N E P O E G V A A J
O N G N U J C A P R I K O T
M P I S A N G E C J R E Z D
G F W B J N L B D A E Y S D
J E R U K J A M S M E L O N
A L P U K A T S C B I R Y L
P E R S I K L T S U F D N Z
R A S P B E R R Y H F S V N
O T U Q Y G W Y K Y P K B R
```

ALPUKAT   APEL
APRIKOT   PERSIK
BERRY   MELON
CERI   JERUK
KELAPA   NECTARINE
RASPBERRY   PEPAYA
JAMBU   PIR
KIWI   NANAS
LEMON   PISANG
MANGGA   ANGGUR

15 - Geología

```
G  S  E  X  S  B  A  T  U  Z  B  B  F  Y
M  E  F  L  A  T  K  K  B  Q  Z  A  E  Q
Q  R  M  A  J  C  A  S  A  M  O  L  B  N
O  O  O  P  D  I  L  L  S  A  N  U  E  E
N  S  R  I  A  L  S  D  A  P  A  C  N  I
K  I  L  S  L  B  I  V  K  G  U  A  U  S
A  R  P  A  U  K  U  Q  X  E  M  B  A  L
R  T  I  N  Y  J  M  M  R  Y  I  I  T  A
A  F  O  S  I  L  D  E  I  S  N  K  T  H
N  Y  L  S  T  Q  G  N  L  E  E  U  S  A
G  D  N  B  N  A  L  H  Z  R  R  A  P  R
C  G  A  R  A  M  L  C  P  S  A  R  E  K
S  T  A  L  A  K  T  I  T  V  L  S  F  Q
I  H  G  U  N  U  N  G  B  E  R  A  P  I
```

ASAM	STALAGMIT
KALSIUM	FOSIL
LAPISAN	GEYSER
GUA	LAHAR
BENUA	MINERAL
KARANG	BATU
KRISTAL	GARAM
KUARSA	GEMPA BUMI
EROSI	GUNUNG BERAPI
STALAKTIT	ZONA

16 - Plantas

```
S  Q  X  K  B  E  R  R  Y  B  K  B  Y  Y
Q  B  D  E  D  A  U  N  A  N  A  F  H  M
U  P  Q  L  N  M  O  U  E  A  C  Y  T  P
J  B  I  O  U  M  V  S  T  C  A  R  V  O
A  S  L  P  S  I  L  O  R  L  N  H  P  H
L  K  D  A  I  I  X  Q  L  S  G  C  P  O
C  S  A  K  F  L  O  R  A  K  E  B  U  N
H  U  U  R  G  R  U  M  P  U  T  Y  P  E
B  U  N  G  A  S  B  M  K  A  K  T  U  S
O  X  T  E  C  E  A  B  U  Z  N  H  K  N
T  Y  G  A  I  M  M  C  V  T  I  T  D  X
A  N  S  Z  N  A  B  D  E  A  H  P  J  X
N  D  A  M  B  K  U  Y  Y  O  V  C  R  Q
I  V  Y  V  E  G  E  T  A  S  I  W  C  L
```

SEMAK	DEDAUNAN
POHON	KACANG
BAMBU	IVY
BERRY	RUMPUT
HUTAN	DAUN
BOTANI	KEBUN
KAKTUS	LUMUT
PUPUK	KELOPAK
BUNGA	AKAR
FLORA	VEGETASI

17 - Suministros de Arte

```
P  S  E  G  T  C  E  A  S  E  L  C  V  K
A  U  H  Y  E  T  T  S  K  V  C  A  T  R
S  P  E  S  L  E  M  E  J  A  E  T  T  E
T  L  Z  Y  I  P  E  N  S  I  L  A  J  A
E  G  Q  U  D  K  E  R  T  A  S  I  H  T
L  A  G  K  E  U  A  N  X  N  P  R  T  I
A  K  W  R  Y  R  S  T  G  R  N  D  I  V
K  A  A  M  J  S  L  Z  Y  H  V  L  N  I
R  M  R  I  E  I  N  L  Q  O  A  P  T  T
I  E  N  N  R  P  L  F  R  N  Q  P  A  A
L  R  A  Y  A  V  L  B  U  S  Z  E  U  S
I  A  T  A  N  A  H  L  I  A  T  F  O  S
K  O  S  K  X  Y  T  B  B  A  X  A  P  F
J  S  Q  K  L  O  L  F  U  A  E  M  R  S
```

MINYAK
AKRILIK
CAT AIR
AIR
TANAH LIAT
PENGHAPUS
EASEL
KAMERA
SIKAT
WARNA

KREATIVITAS
IDE
PENSIL
MEJA
KERTAS
PASTEL
LEM
CAT
KURSI
TINTA

18 - Jardín

```
G C L O F X W C T E S M B T
Y A G H N B B V T N E E A A
S T R A M P O L I N L N N N
M D N A L L T S P Z A Y G A
O V G V S N A E R J N A K H
K O L A M I J M R B G P U S
J F P L U S P A G A R U V E
O L K H R E A K B T S H I K
R U M P U T G J K U U F N O
C W K S W X K U N S I K E P
H F E C R N I Y L P O H O N
A K B U N G A K R M Z F U T
R V U P A S D B E R A N D A
D O N S B D I Z P U P U J H
```

SEMAK
POHON
BANGKU
KOLAM
BUNGA
GARASI
RUMPUT
ORCHARD
KEBUN
GULMA

SELANG
SEKOP
BERANDA
MENYAPU
BATU
TANAH
TERAS
TRAMPOLIN
PAGAR
VINE

19 - Países #2

```
E T H I O P I A M Q K P L L
A L B A N I A S L Z S O A X
U G A N D A S U D A N R O S
I R L A N D I A H S Y T S P
P J E P A N G J Y R U U D I
R A U S T R I A P E N G E N
M Y K D S R R M E G A A N D
Y E P I Z L F A R Z N L M O
I H K D S D P I A U I W A N
E L O S M T X K N R S T R E
U K R A I N A A C W E I K S
W S M R S K M N I H N W A I
S U R I A H O B S S Y J C A
A U S T R A L I A N E X T G
```

ALBANIA
AUSTRALIA
AUSTRIA
DENMARK
ETHIOPIA
PERANCIS
YUNANI
INDONESIA
IRLANDIA
JAMAIKA

JEPANG
LAOS
MEKSIKO
PAKISTAN
PORTUGAL
RUSIA
SURIAH
SUDAN
UKRAINA
UGANDA

20 - Tecnología

```
R Q F U J K U J V V Y M Q I
B I K F H L M T F J O D W N
L H S T L Y A C T I W L B T
O R R E S T A T I S T I K E
G R N T T N S P V B V Y A R
K E A M A N A N X F V E M N
B O K U R S O R X V D U E E
L T M V I R U S Y X G N R T
A O J P E R A M B A N Q A K
Y L G E U C J D F O N T C V
A V Q S A T N P A E L P R B
R M L A T Y E Y I T B I F Y
Y Q N N L J Q R L M A Y A T
F D I G I T A L U F G T D E
```

FAIL   INTERNET
BLOG   RISET
BYTE   PESAN
KAMERA   PERAMBAN
KURSOR   KOMPUTER
DATA   LAYAR
DIGITAL   KEAMANAN
STATISTIK   MAYA
FONT   VIRUS

21 - Números

```
N O L T I G A B E L A S E S
D E L A P A N B E L A S N E
L E M P A T H H U Y Q G A M
D I B S O U B M D G B D M B
E W M T N J I W P T G E B I
D M I A J U J P D U A L E L
U I P D B H O Y Y J Z A L A
A N N A S E P U L U H P A N
B A T V T D L H M H P A S N
E F S O I B F A F B C N A X
L L J I G W E P S E R B T S
A I R K A P U L M L X Z U G
S M Q O W R N E A A E N A M
O A S O Y B Q D E S I M A L
```

EMPAT BELAS   DUA
NOL   SEMBILAN
LIMA   DELAPAN
EMPAT   LIMA BELAS
DESIMAL   ENAM
DELAPAN BELAS   TUJUH
ENAM BELAS   TIGA BELAS
TUJUH BELAS   TIGA
SEPULUH   SATU
DUA BELAS

22 - Mitología

```
M K X F B P E R I L A K U M
A F E X U P A H L A W A N T
K Y L Y D S F A C I T V W
H L U Y A K A A K H Y B W P
L F E N Y K P N E J G E R E
U V O G A Y I A K B U N A N
K F K X E X O N U L N C K C
X P S Q H N O R A F T A A I
P E T I R F D P T N U N S P
P E J U A N G A A H R A A T
K E A B A D I A N S U R G A
V K E C E M B U R U A N S A
X L A B I R I N E I H S I N
Z U N L P O L A D A S A R B
```

POLA DASAR

KECEMBURUAN

SURGA

PERILAKU

PENCIPTAAN

KEYAKINAN

MAKHLUK

BUDAYA

BENCANA

KEKUATAN

PEJUANG

PAHLAWAN

KEABADIAN

LABIRIN

LEGENDA

RAKASA

FANA

PETIR

GUNTUR

23 - Ecología

```
B  E  R  K  E  L  A  N  J  U  T  A  N  V
X  R  A  S  S  A  L  U  Q  Z  M  E  A  A
B  Z  W  J  D  U  A  C  Y  K  S  W  W  R
Y  K  A  X  S  T  M  A  G  C  U  M  I  I
A  L  A  M  I  I  K  L  I  M  M  K  K  A
K  O  M  U  N  I  T  A  S  E  B  I  E  S
H  F  L  O  R  A  K  D  G  Z  E  D  K  I
F  A  G  L  O  B  A  L  T  L  R  A  E  H
G  A  B  R  E  L  A  W  A  N  D  O  R  J
O  U  U  I  X  V  E  G  E  T  A  S  I  E
X  E  N  N  T  E  Q  R  B  A  Y  N  N  N
T  R  K  U  A  A  Q  X  M  S  A  Y  G  I
N  H  H  C  N  A  T  D  J  Q  I  K  A  S
N  F  N  W  C  G  T  A  N  A  M  A  N  K
```

IKLIM	ALAM
KOMUNITAS	RAWA
JENIS	TANAMAN
FAUNA	SUMBER DAYA
FLORA	KEKERINGAN
GLOBAL	BERKELANJUTAN
HABITAT	VARIASI
LAUT	VEGETASI
GUNUNG	RELAWAN
ALAMI	

24 - Herramientas

```
H O R L M H V A D U Y U O T
Q A O P E N G G A R I S I G
K T D D H M S Q L X E W M V
R A A M H Z D G P I S A U M
V N P P I S A U C U K U R A
Z G C A M E S N Y P T I M L
J G X H K K T T C O A E U L
L A O T M O A I W K N L E E
O B O R K P P N T O G J U T
B A U T A P L G N K F H P A
N N A J B B E X A O B M L L
F M C U E I R C M E B Y C I
B K S G L V L P D G B H R O
W J E T M G D T E E B U V J
```

TANG	PALU
OBOR	MALLET
KABEL	PISAU CUKUR
PISAU	SEKOP
TALI	LEM
TANGGA	PENGGARIS
POKOK	RODA
STAPLER	GUNTING
KAPAK	BAUT

25 - Casa

```
L S L A M P U N J S J G W G
A O F O S D I F L A E A N Z
Y P T K K O P N G P N R R W
X G W E A E E V T U D A G I
V B D B N G R M D U E S O I
K A E U X G A A I L L I L S
A S K N L F P N N D A P U R
R E U I A N I D D J A T A P
P M U R N E A I I P A G A R
E E P W T G N Q N S I Y K H
T N Y E A J O X G D B W Y T
U T C N I C E R M I N T V T
K A M A R T I D U R L L W O
P E R P U S T A K A A N H D
```

KARPET
LOTENG
PERPUSTAKAAN
PERAPIAN
DAPUR
KAMAR TIDUR
MANDI
SAPU
CERMIN
GARASI

KERAN
KEBUN
LAMPU
DINDING
LANTAI
PINTU
BASEMENT
ATAP
PAGAR
JENDELA

26 - Artes Visuales

```
T  S  D  K  R  E  A  T  I  V  I  T  A  S
Y  A  P  E  R  N  I  S  P  O  T  R  E  T
Y  N  N  R  P  E  R  S  P  E  K  T  I  F
X  S  Z  A  M  T  G  F  P  F  O  T  O  R
A  E  V  M  H  A  W  C  E  I  U  P  J  E
R  P  L  I  H  L  H  A  N  U  C  A  W  F
A  E  U  K  J  I  I  A  A  S  J  T  F  P
N  N  K  A  O  L  D  A  K  A  P  U  R  E
G  Y  I  A  Y  I  K  R  T  A  O  N  F  N
F  A  S  A  I  N  M  T  Q  E  R  G  P  S
I  N  A  A  R  N  H  I  W  R  S  Y  F  I
L  G  N  X  M  S  V  S  M  B  W  H  A  L
M  G  E  K  O  M  P  O  S  I  S  I  A  C
G  A  R  S  I  T  E  K  T  U  R  N  Q  U
```

TANAH LIAT	PATUNG
ARSITEKTUR	FOTO
ARTIS	PENSIL
PERNIS	MAHAKARYA
PENYANGGA	FILM
ARANG	PERSPEKTIF
LILIN	LUKISAN
KERAMIK	PENA
KOMPOSISI	POTRET
KREATIVITAS	KAPUR

27 - Escuela #2

```
K A L E N D E R P Q N O S G
P E R M A I N A N E J V E U
E A R T Q L M K R R N J X R
R H O T J M E A C A R S B U
S Y V J A U W D N G N Z I T
E B U K U S J E U C U S S L
D H H M E M E M B A C A E Y
I S A S T R A I J W J E U L
A K A M U S F K Z W D A I N
A U J J P A K A I A N S C
N P E R P U S T A K A A N O
Y K O M P U T E R Y Y T G N
R R F T A T A B A H A S A L
D W P E N D I D I K A N F V
```

AKADEMIK
BIS
PERPUSTAKAAN
KALENDER
ILMU
KAMUS
PENDIDIKAN
TATA BAHASA
PERMAINAN
PENSIL

MEMBACA
BUKU
SASTRA
RANSEL
KOMPUTER
KERTAS
GURU
PAKAIAN
PERSEDIAAN

28 - Selva Tropical

```
O  O  A  E  U  C  H  M  I  L  D  C  J  R
H  W  S  Y  T  P  H  E  L  U  M  U  T  E
P  E  R  B  E  D  A  A  N  N  E  S  M  S
P  E  L  E  S  T  A  R  I  A  N  E  A  T
B  S  P  G  D  V  A  V  F  W  G  R  M  O
H  O  W  V  A  I  V  L  A  A  H  A  A  R
U  R  T  I  K  L  I  M  A  N  O  N  L  A
T  O  A  A  T  B  U  E  X  M  R  G  I  S
A  Y  J  S  N  D  U  R  E  W  M  G  A  I
N  E  D  L  R  I  X  R  H  N  A  A  E  G
J  E  N  I  S  B  L  A  U  O  T  K  E  B
K  O  M  U  N  I  T  A  S  N  I  S  J  D
A  M  F  I  B  I  N  A  U  N  G  A  N  T
B  E  R  H  A  R  G  A  P  H  G  E  Z  X
```

AMFIBI	ALAM
BOTANI	AWAN
IKLIM	BURUNG
KOMUNITAS	PELESTARIAN
PERBEDAAN	NAUNGAN
JENIS	MENGHORMATI
ASLI	RESTORASI
SERANGGA	HUTAN
MAMALIA	BERHARGA
LUMUT	

29 - Colores

```
C H N J J K Q I Q Z L H B W
O I M E R A H M U D A I A I
K T S R Z V X Q A E M J E D
E A B U A B U U C C X A F P
L M K K U N I N G H V U N U
A Z U R E M I C M E R A H T
T K D Y C A S L Y D G G Q I
F R Y S K G T I A A D D U H
L U F G S E P I A Q N O H J
W Z C L V N C F K G B I R U
B X C H G T J Q I U J K H J
Y H L J S A V T T N Y R R Q
R X T I S I O P K G F E C L
O O Z J I W A R P U H M B V
```

KUNING   MAGENTA
BIRU   COKELAT
AZURE   JERUK
KREM   HITAM
PUTIH   UNGU
CYAN   MERAH
FUCHSIA   MERAH MUDA
ABU-ABU   SEPIA
NILA   HIJAU

30 - Adjetivos #1

```
G B D S E M P U R N A P I N
E E L E I G L M E N A R I K
L R H R R I Y U A K T I F B
A A M I H M L S G J U J U R
P T B U I U A B M U T L A K
I Q F S Y D M W X R T X M B
Y B A Y F A B Z A U G W B E
T E R A N G A A F N E A I R
H S O P E N T I N G B B S H
K A M C D E K S O T I S I A
C R A M O D E R N Y L R U R
M K T M F D V C E M S Y S G
A G I Y P F Y B E H C Q Z A
J R K A B W E X O L G J B Z
```

MUTLAK	PENTING
AKTIF	LUGU
AMBISIUS	MUDA
AROMATIK	LAMBAT
MENARIK	MODERN
TERANG	GELAP
BESAR	SEMPURNA
EKSOTIS	BERAT
DERMAWAN	SERIUS
JUJUR	BERHARGA

31 - Disciplinas Científicas

```
A S T R O N O M I G Y B A T
M E T E O R O L O G I O R E
C P S I K O L O G I B T K R
Z R Q C G G I D Y G I A E M
I X R F S U N F L E O N O O
M N G C A V G B U O L I L D
U E E R C A U I O L O R O I
N U K S O S I O L O G I G N
O R O A Y W S K K G I E I A
L O L I N P T I K I M I A M
O L O C U I I M E M T P R I
G O G F Q G K I I O M W T K
I G I X Y A N A T O M I S A
M I N E R A L O G I L X M C
```

ANATOMI	LINGUISTIK
ARKEOLOGI	MEKANIKA
ASTRONOMI	METEOROLOGI
BIOLOGI	MINERALOGI
BIOKIMIA	NEUROLOGI
BOTANI	PSIKOLOGI
EKOLOGI	KIMIA
GEOLOGI	SOSIOLOGI
IMUNOLOGI	TERMODINAMIKA

32 - Gatos

```
P  H  V  X  S  R  T  M  Y  B  D  K  B  J
C  L  K  B  J  O  E  A  I  E  K  O  R  Z
M  T  I  D  U  R  T  N  L  N  X  A  B  B
L  K  H  A  J  G  I  D  T  A  Q  B  K  F
K  E  U  S  R  I  K  I  P  N  X  E  K  I
E  T  N  M  A  L  U  R  H  G  C  D  M  E
C  V  T  P  L  A  S  I  Y  L  V  C  B  X
I  I  E  K  E  P  R  I  B  A  D  I  A  N
L  M  R  Z  Z  O  K  J  Q  L  G  D  P  P
P  E  N  A  S  A  R  A  N  C  A  K  A  R
C  E  R  I  A  T  P  Q  B  K  E  I  R  H
J  J  E  N  B  G  C  X  U  S  Y  P  W  F
X  O  M  Q  J  S  L  X  L  U  C  U  A  B
L  U  R  G  T  Y  C  N  U  W  H  K  O  T
```

HUNTER	GILA
EKOR	KAKI
PENASARAN	KEPRIBADIAN
TIDUR	BULU
CAKAR	KECIL
LUCU	TETIKUS
BENANG	CEPAT
MANDIRI	LIAR
CERIA	MALU

33 - Cocina

```
J  K  G  F  S  S  U  M  P  I  T  P  Z  F
M  E  R  T  E  P  M  A  K  A  N  A  N  R
S  T  I  U  R  I  O  G  L  C  H  Y  R  E
E  E  L  I  B  S  V  N  O  V  E  N  E  E
N  L  L  O  E  A  V  K  S  T  R  M  M  Z
D  N  K  D  T  U  A  K  J  Q  C  B  P  E
O  M  U  H  R  C  A  N  G  K  I  R  A  R
K  A  L  S  V  E  R  Y  N  T  C  S  H  U
E  N  K  Q  N  L  S  Q  O  J  G  I  R  H
N  G  A  R  P  U  N  E  A  Q  A  Q  E  N
D  K  S  O  D  W  G  H  P  F  C  R  M  M
I  U  P  Y  K  Z  E  T  I  X  O  K  P  R
X  K  E  I  T  H  E  T  H  W  D  U  A  C
C  E  L  E  M  E  K  U  F  D  G  H  H  Q
```

KETEL	SUMPIT
MAKANAN	GRILL
FREEZER	RESEP
SENDOK	KULKAS
PISAU	SERBET
CELEMEK	JAR
REMPAH-REMPAH	CANGKIR
SPONS	MANGKUK
OVEN	GARPU
KENDI	

34 - Escuela #1

```
F  L  G  H  G  I  F  M  N  U  S  X  M  T
P  V  O  U  A  G  K  E  O  J  U  M  A  Q
S  A  P  K  R  D  E  N  M  I  K  O  K  L
G  P  E  Q  M  U  L  Y  O  A  U  V  A  S
K  E  R  T  A  S  A  E  R  N  I  K  N  D
J  N  P  E  T  M  S  N  B  A  S  V  S  F
A  S  U  M  E  C  H  A  F  A  R  O  I  Y
W  I  S  A  M  M  B  N  B  O  A  V  A  N
A  L  T  N  A  M  Q  G  O  F  L  R  N  V
B  T  A  V  T  L  T  K  Q  A  F  D  G  K
A  S  K  R  I  X  J  A  B  V  A  I  E  U
N  Y  A  Z  K  V  U  N  U  M  B  V  X  R
C  R  A  R  A  V  O  M  K  V  E  R  K  S
H  S  N  P  E  N  A  E  U  P  T  G  I  I
```

ALFABET	PENSIL
MAKAN SIANG	BUKU
TEMAN	MATEMATIKA
KELAS	NOMOR
PERPUSTAKAAN	KERTAS
FOLDER	PENA
MENYENANGKAN	GURU
KUIS	JAWABAN
UJIAN	KURSI

35 - Adjetivos #2

```
B I S A D I M A K A N B D D
K E R I N G B Y Q Q X H E F
K U A T U G H B T A C O S X
R I W Z S L I P T V G M K T
E G K Q P E D A S E G A R R
A L A M O L H L P Y Z Y I B
T R E T X A W A Y H I B P A
I C O G E H N M T M B I T R
F I I V A R I I W A A A I U
X M G B E N K L B N N S F A
L W C H L W U E C I G A P S
D R A M A T I S N S G L E I
M E N A R I K X V A A H W N
W P R O D U K T I F L P L X
```

LELAH   MENARIK
BISA DIMAKAN   ALAMI
KREATIF   BIASA
DESKRIPTIF   BARU
DRAMATIS   BANGGA
MANIS   PEDAS
ELEGAN   PRODUKTIF
TERKENAL   ASIN
SEGAR   SEHAT
KUAT   KERING

36 - Cuerpo Humano

```
H D S E M U C H B D P F G L
W C I W H M N G E V X I E U
B L K Q B S U T A N G A N T
H I U R G Z N L E H E R L U
Q D B U X I L E U Q F Z J T
G A Q I U N D H O T A K A R
I H P Y R K E P A L A U R E
R I A B W H I D U N G L I R
G J O N A H D A R A H I V K
V K Q K J H R G M C O T X A
W E O N A A U U U V D U L K
M A T A H T T E L I N G A I
U I N T X I Q V Z U J O V L
B T H C W H P G P S N P W X
```

DAGU	BIBIR
MULUT	LIDAH
KEPALA	TANGAN
WAJAH	HIDUNG
OTAK	MATA
SIKU	TELINGA
HATI	KULIT
LEHER	KAKI
JARI	LUTUT
BAHU	DARAH

37 - Ciencia

```
D U I P W W N U D T M X G F
X I L I E B F L C R E S R S
G Q M A T R A L A M T C A Y
H O U T B S C T A B O F V J
I R W O O O Q O Z C D O I T
P G A M N K R B B B E S T A
O A N S Z F D A T A D I A N
T N R R O Z W C T D A L S A
E I F T W Z R R F O L N I M
S S I M I N E R A L R C I A
I M S Q K K J H K K I I J N
S E I Y L J E E T X A P U W
V H K T I L M L A E R B R M
P R A W M O L E K U L X C I
```

ATOM
ILMUWAN
IKLIM
DATA
PERCOBAAN
FISIKA
FOSIL
GRAVITASI
FAKTA

HIPOTESIS
LABORATORIUM
METODE
MINERAL
MOLEKUL
ALAM
ORGANISME
PARTIKEL
TANAMAN

38 - Dinosaurios

```
F  R  L  T  V  W  K  S  Q  T  B  U  M  I
S  O  V  K  P  M  O  I  A  I  U  K  N  H
U  R  S  A  Y  A  P  E  V  O  L  U  S  I
R  K  J  I  B  S  F  K  M  Y  L  R  E  C
D  U  C  M  L  H  O  O  D  M  P  A  T  V
R  A  P  T  O  R  M  R  B  H  R  N  A  N
E  T  J  M  J  E  N  I  S  E  A  J  N  C
P  F  Q  P  T  W  I  H  P  R  S  M  I  B
T  Y  I  D  V  H  V  L  N  B  E  A  D  J
I  L  M  A  M  M  O  T  H  I  J  N  R  C
L  J  Q  S  T  X  R  I  C  V  A  G  O  Q
C  Y  N  T  C  O  A  B  S  O  R  S  T  Y
H  I  L  A  N  G  N  Y  A  R  A  A  L  J
K  A  R  N  I  V  O  R  A  A  H  B  F  K
```

SAYAP	OMNIVORA
KARNIVORA	KUAT
EKOR	PRASEJARAH
HILANGNYA	MANGSA
JENIS	RAPTOR
EVOLUSI	REPTIL
FOSIL	UKURAN
BESAR	BUMI
HERBIVORA	SETAN
MAMMOTH	

39 - Restaurante #2

```
M  R  Y  O  N  E  J  X  C  Y  K  E  P  K
I  A  E  S  U  P  Y  W  H  D  D  W  E  U
N  L  K  M  S  G  P  G  A  R  P  U  L  R
U  K  U  A  P  A  T  S  A  L  A  D  A  S
M  E  E  X  N  A  Y  J  Y  R  A  P  Y  I
A  C  S  I  C  S  H  S  S  T  A  E  A  K
N  P  A  F  X  A  I  R  O  B  O  M  N  A
L  G  Y  X  F  B  N  A  E  M  O  B  L  N
E  B  U  K  N  S  G  S  N  M  B  U  A  H
Z  N  R  Y  L  E  Q  R  F  G  P  K  R  G
A  M  A  K  A  N  M  A  L  A  M  A  Y  Y
T  P  N  B  F  D  E  Z  B  V  L  R  H  Y
B  L  A  G  D  O  U  J  O  T  E  L  U  R
V  R  S  Z  D  K  A  D  M  L  O  R  A  T
```

AIR	BUAH
MAKAN SIANG	ES
PEMBUKA	TELUR
MINUMAN	KUE
PELAYAN	IKAN
MAKAN MALAM	GARAM
SENDOK	KURSI
LEZAT	SUP
SALAD	GARPU
REMPAH-REMPAH	SAYURAN

40 - Profesiones #1

```
D O K T E R I L M U W A N I
H U N T E R V O W Y G P W T
Y A T U K A N G L E D E N G
J P I A N I S M M W E R P P
S E X Y B P U O U J J H Y E
E N M C U E S B X S B I J R
D G B R K M S I W D I A R A
I A T L E T E A K C N S L W
T C P E N A R I R O B A I A
O A B A N K I R I U L N P T
R R Q U P A S T R O N O M O
A A Y U A P E L A T I H G K
K A R T O G R A F E R U U N
A H L I G E O L O G I E L C
```

PENGACARA   DUTA BESAR
ASTRONOM   PERAWAT
ATLET   PELATIH
PENARI   TUKANG LEDENG
BANKIR   AHLI GEOLOGI
KARTOGRAFER   PERHIASAN
HUNTER   MUSISI
ILMUWAN   PIANIS
DOKTER   PSIKOLOG
EDITOR

41 - Vehículos

```
M P Q H T R S E P E D A A K
I O B L R A H N L N W R M A
Z Z T P U K U D E M N S B P
N L M O K I T A K S I I U A
I H H O R T T Q L H P G L L
X R E R B H L K E R E T A S
O O L R Q I E K M T Z B N E
D K I R O K L C A T U D S L
D E K P E R A H U F Y A C A
F T O P C B C S Z E I X V M
W A P E S A W A T R K L M G
E Y T V A N K M G I U P A J
Y P E B I S W Q T W J N Z H
O T R A K T O R J N O Z P R
```

AMBULANS   FERI
BIS   VAN
PESAWAT   HELIKOPTER
RAKIT   SHUTTLE
PERAHU   MOTOR
SEPEDA   BAN
TRUK   KAPAL SELAM
KAFILAH   TAKSI
MOBIL   TRAKTOR
ROKET   KERETA

42 - Vacaciones #2

```
K M K E Z D J R V G L P I T
P E R J A L A N A N I U I N
R H R Z G Q T S R W B L L P
T E D E V A P K U J U A A F
A J K D T P A S P O R U U O
K O W R R A L A T P A K T R
S H X Y E N Q P H I N K U A
I H F R S A P A N T A I J N
F O T O T P S H N D I P U G
V T Q V O E C I T E N D A A
I E O J R T R D L F H S N S
S L G E A A B A N D A R A I
A T R A N S P O R T A S I N
R E S E R V A S I Q O M H G
```

BANDARA
TENDA
TUJUAN
ORANG ASING
FOTO
HOTEL
PULAU
PETA
LAUT
REKREASI

PASPOR
PANTAI
RESERVASI
RESTORAN
TAKSI
TRANSPORTASI
KERETA
LIBURAN
PERJALANAN
VISA

43 - Cumpleaños

```
K  K  A  R  T  U  W  K  W  O  U  Z  Q  H
M  E  O  B  K  P  A  S  K  J  M  V  F  F
U  E  B  K  B  E  K  A  L  E  N  D  E  R
A  N  N  I  O  S  T  A  H  U  N  N  H  U
X  Q  D  Y  J  T  U  A  D  Z  U  M  A  D
B  B  O  A  E  A  U  A  K  T  Y  Y  R  K
I  O  X  I  N  N  K  C  E  L  I  L  I  N
K  V  Y  Y  Y  G  A  S  G  Z  U  A  F  M
K  E  N  A  N  G  A  N  A  O  L  G  O  L
H  A  D  I  A  H  T  N  G  N  M  U  D  A
D  I  C  S  L  J  O  F  V  K  A  H  H  H
S  K  T  E  M  A  N  F  X  U  A  A  U  I
H  U  D  K  H  U  S  U  S  F  B  N  N  R
P  E  R  A  Y  A  A  N  S  E  N  A  N  G
```

TEMAN	MUDA
TAHUN	LAHIR
KALENDER	PESTA
LAGU	KUE
PERAYAAN	KENANGAN
MENYENANGKAN	HADIAH
HARI	KEBIJAKSANAAN
KHUSUS	KARTU
SENANG	WAKTU
UNDANGAN	LILIN

44 - Baile

```
S  K  U  I  Q  X  X  O  K  E  Q  G  W  X
I  E  L  N  H  N  A  V  U  D  G  E  M  U
K  K  N  A  U  B  C  Z  L  T  I  R  Q  O
A  S  V  I  S  U  A  L  T  U  U  A  M  T
P  P  X  E  R  I  M  B  U  B  L  K  U  R
F  R  U  M  W  A  K  U  R  U  R  A  S  A
G  E  E  C  E  I  M  D  A  H  A  N  I  D
L  S  L  F  H  J  I  A  L  L  H  F  K  I
P  I  M  N  A  X  T  Y  H  A  M  A  S  S
E  F  P  P  Y  K  R  A  C  T  A  V  R  I
J  E  M  O  S  I  A  U  P  I  T  H  K  O
T  M  E  L  O  M  P  A  T  H  T  O  E  N
I  Y  K  O  R  E  O  G  R  A  F  I  R  A
Q  D  A  K  A  D  E  M  I  N  B  I  H  L
```

AKADEMI	RAHMAT
SENI	GERAKAN
KLASIK	MUSIK
KOREOGRAFI	SIKAP
TUBUH	IRAMA
BUDAYA	MELOMPAT
KULTURAL	MITRA
EMOSI	TRADISIONAL
LATIHAN	VISUAL
EKSPRESIF	

45 - Matemáticas

```
P  P  S  I  P  P  D  I  A  M  E  T  E  R
A  P  O  U  U  S  I  P  H  U  R  U  K  Y
R  E  S  L  D  D  M  B  F  R  A  K  S  I
A  R  I  I  I  U  I  O  V  Q  D  R  P  P
L  S  M  N  Q  G  T  L  O  J  I  H  O  E
L  A  E  G  E  W  O  A  L  Y  U  Y  N  R
E  M  T  K  S  N  P  N  U  E  S  P  E  I
L  A  R  A  D  E  S  I  M  A  L  E  N  M
O  A  I  R  C  Z  G  P  E  M  H  R  D  E
G  N  D  Z  E  J  I  I  C  E  L  S  Z  T
R  P  A  R  A  L  E  L  T  C  X  E  F  E
A  H  I  T  U  N  G  P  K  I  T  G  G  R
M  G  E  O  M  E  T  R  I  Q  G  I  K  I
T  E  G  A  K  L  U  R  U  S  A  A  M  P
```

HITUNG	GEOMETRI
SUDUT	PARALEL
LINGKAR	PARALLELOGRAM
PERSEGI	PERIMETER
DESIMAL	TEGAK LURUS
DIAMETER	POLIGON
PERSAMAAN	RADIUS
BOLA	SIMETRI
EKSPONEN	SEGITIGA
FRAKSI	VOLUME

46 - Restaurante #1

```
U  C  I  B  O  P  X  B  D  V  Z  Q  X  K
P  H  E  C  P  E  L  A  Y  A  N  L  F  E
E  E  Y  S  J  N  T  H  R  K  G  D  B  O
D  S  A  U  S  C  I  A  O  O  R  I  F  N
A  K  U  Z  F  U  V  N  X  Y  E  M  N  Z
S  U  V  P  G  C  G  O  D  I  W  I  P  G
I  N  J  O  K  I  S  L  S  A  Y  A  M  M
P  I  S  A  U  M  E  N  U  C  P  K  K  A
V  R  N  M  N  U  R  L  W  X  M  U  R  K
A  Z  S  M  D  L  B  W  J  I  N  G  R  A
U  D  K  R  N  U  E  G  S  L  K  A  L  N
R  O  U  O  G  T  T  A  L  E  R  G  I  A
C  U  I  T  P  I  R  I  N  G  Y  K  A  N
K  A  S  I  R  I  M  A  N  G  K  U  K  F
```

ALERGI	MENU
KOPI	ROTI
KASIR	PEDAS
PELAYAN	PIRING
DAGING	AYAM
DAPUR	PENCUCI MULUT
MAKANAN	SAUS
PISAU	SERBET
BAHAN	MANGKUK

47 - Profesiones #2

```
D B Q T U T G W A C E A N A
O M I T G F X A R Q S H J H
K O E K Q F H R P Q I L A L
T G Y K D O K T E R G I G I
E H P U D T P A N F I B H B
R P E N E M U W E O L I Z E
F I L S U F S A L T U O I D
G L U P V V T N I O S L N A
U O K U F F A F T G T O S H
R T I B R U K S I R R G I H
U U S V H Z A S I A A I N D
V D R R D C W A J F T S Y R
J J H P F H A K P E O V U F
P A S T R O N O T R R S R V
```

ASTRONOT   INSINYUR
PUSTAKAWAN   PENEMU
AHLI BIOLOGI   PENELITI
AHLI BEDAH   DOKTER
DOKTER GIGI   WARTAWAN
FILSUF   PILOT
FOTOGRAFER   PELUKIS
ILUSTRATOR   GURU

48 - Senderismo

```
B P H V G F V D H L P E T A
E B E E G U K B V E A Z G R
R I L R T T N A Y L N G S E
A N T T S C N U O A D D Z R
T A I R L I A R N H U J E L
E T O S Y K A V A G A P W M
B A T U P L F P X Z N F H U
I N P L N I U L A T A M A N
N G U A Y M A T S N A L A M
G V N T A C A M P I N G U W
R W C B M O R I E N T A S I
U B A K U S E P A T U B O T
F T K L K M A T A H A R I M
Y Q T L Q T D F I P J F V S
```

TEBING	GUNUNG
AIR	NYAMUK
BINATANG	ALAM
SEPATU BOT	ORIENTASI
CAMPING	TAMAN
LELAH	BERAT
IKLIM	BATU
PUNCAK	PERSIAPAN
PANDUAN	LIAR
PETA	MATAHARI

49 - Naturaleza

```
N Q E W T T S G G O S J D S
K A B U T R K U U M V D J U
S D B P U O E V N R Y Y I A
F E I E D P C E U G U R O K
M D N N L I A R N R A N A A
G A A A A S N O G T W I E Q
Q U T M Z M T S L M A Z N O
K N A P B S I I U Y N I T U
B A N U Z B K S C I H X E Y
L N G N Z D A V V E U K N I
T Q P G N S N G L E T S E R
V I T A L C G C E O A M Q I
A T E N A N G N L L N Q C D
A R K T I K L E B A H Y P Q
```

LEBAH	GUNUNG
BINATANG	KABUT
ARKTIK	AWAN
KECANTIKAN	PENAMPUNGAN
HUTAN	SUNGAI
GURUN	LIAR
DINAMIS	SUAKA
EROSI	TENANG
DEDAUNAN	TROPIS
GLETSER	VITAL

50 - Conduciendo

```
M O B I L U R P D L B K T B
Q L Z M C Z E J G A S K E A
K P O L I S I R B L Q E R H
K E S R W L G E A U X C O A
E J A E P I K W H L B E W N
C A T M P S E J A I F L O B
E L T O A E B A Y N P A N A
P A W T Y N D L A T E K G K
A N V O J S A A Z A T A A A
T K I R Q I V N M S A A N R
A A N B U W F R N O T N Z F
N K O P Q H D T W E T R U K
B I G A R A S I U O O O I P
T R A N S P O R T A S I R Y
```

KECELAKAAN	SEPEDA MOTOR
JALAN	MOTOR
TRUK	PEJALAN KAKI
MOBIL	BAHAYA
BAHAN BAKAR	POLISI
REM	KEAMANAN
GARASI	TRANSPORTASI
GAS	LALU LINTAS
LISENSI	TEROWONGAN
PETA	KECEPATAN

51 - Ballet

```
S  L  A  T  I  H  A  N  X  Y  S  I  Z  K
T  I  N  T  E  N  S  I  T  A  S  J  U  O
E  S  K  P  R  A  K  T  E  K  Y  P  N  R
P  K  G  A  R  T  I  S  T  I  K  B  U  E
U  E  A  T  P  E  L  A  J  A  R  A  N  O
K  A  Y  E  U  I  D  S  Q  L  E  L  P  G
T  H  A  K  B  R  A  B  A  M  K  E  E  R
A  L  L  N  H  A  I  B  G  T  S  R  N  A
N  I  R  I  L  M  S  P  Z  C  P  I  A  F
G  A  A  K  S  A  O  H  M  Z  R  N  R  I
A  N  O  R  K  E  S  T  R  A  E  A  I  I
N  H  A  D  I  R  I  N  O  O  S  F  E  J
O  K  O  M  P  O  S  E  R  T  I  U  F  B
M  U  S  I  K  U  J  X  D  I  F  U  V  F
```

TEPUK TANGAN	SIKAP
ARTISTIK	KEAHLIAN
HADIRIN	INTENSITAS
BALERINA	PELAJARAN
PENARI	OTOT
KOMPOSER	MUSIK
KOREOGRAFI	ORKESTRA
LATIHAN	PRAKTEK
GAYA	IRAMA
EKSPRESIF	TEKNIK

52 - Aventura

```
P K E G E M B I R A A N T W
N E E D T U J U A N G Y E X
A S R C O I P E S I A R M E
V U P S A M D V O S F Z A N
I L U J I N J A D W A L N A
G I P M R A T W K P D R A N
A T P W L L P I Z B B S F T
S A C S B U I A K Z I N C U
I N A L A M C X N A C A M S
P E L U A N G D U E N B S I
K E A M A N A N J X O A P A
M E N G E J U T K A N R V S
B E R B A H A Y A B N U B M
K E B E R A N I A N X Q Y E
```

KEGEMBIRAAN   ALAM
TEMAN   NAVIGASI
KECANTIKAN   BARU
TUJUAN   PELUANG
KESULITAN   BERBAHAYA
ANTUSIASME   PERSIAPAN
PESIAR   KEAMANAN
TIDAK BIASA   MENGEJUTKAN
JADWAL   KEBERANIAN

53 - Pájaros

```
F O P E N G U I N W B A E T
L L G Z M D Y N N B U Y J U
D F B A N G A U K U R A M T
L T C N S Q U F X R U M P Z
F O X G R V O L C U N E E K
I U K S R V J A L N G R P V
N C W A J B P M A G B A J Y
G A G A K R E I Q U E K V I
K N F K R F L N J N O I N W
M E R P A T I G F T B Z Y L
K L N C U C K O O A T U W E
R A Z A C D A T E L U R L Z
O N B U R U N G P I P I T U
J G W M G I G P C B E B E K
```

BURUNG UNTA	TELUR
ELANG	BURUNG BEO
KENARI	MERPATI
BANGAU	BEBEK
ANGSA	MERAK
CUCKOO	PELIKAN
GAGAK	PENGUIN
FLAMINGO	BULU
GULL	AYAM
BURUNG PIPIT	TOUCAN

54 - Surf

```
A C G N K K D M M K N K C D
P T N I C E E O E E T E K A
Y V L P E K K Q N R K C F Y
L P Q E B U S A Y A H E K U
A A C R T A T L E M S P F N
L N U U E T R V N A U A A G
O T A T R A E H A I Q T O A
H A C I U N M C N A P A Z Y
P I A U M S Z I G N O N O A
U E Z D B V J L K A P S L W
M Z M J U A R A A P U A S K
L B I U Z T R I N V L P V A
S V M E L A M B A I E R R V
R M G D P A B V J B R Z K F
```

TERUMBU   KEKUATAN
ATLET   KERAMAIAN
JUARA   LAUT
CUACA   MELAMBAI
MENYENANGKAN   PANTAI
BUSA   POPULER
GAYA   PEMULA
PERUT   DAYUNG
EKSTREM   KECEPATAN

55 - Geografía

```
K  S  K  R  P  U  L  A  U  S  V  T  K  G
B  E  O  P  M  E  R  I  D  I  A  N  H  A
E  L  T  A  J  G  T  J  C  F  O  J  A  R
L  A  A  I  K  K  I  A  S  G  R  G  T  I
A  T  V  W  N  D  F  K  D  V  B  M  U  S
H  A  M  I  X  G  X  Z  U  X  E  Z  L  B
A  N  R  L  W  S  G  U  N  U  N  G  I  U
N  E  I  A  B  Q  F  I  I  R  U  S  S  J
B  G  R  Y  A  U  J  V  A  L  A  U  T  U
U  A  U  A  G  T  W  H  T  N  J  N  I  R
M  R  R  H  D  A  F  S  L  E  O  G  W  O
I  A  H  A  R  R  T  W  A  K  O  A  A  B
G  F  C  W  T  A  M  H  S  D  W  I  U  M
G  A  R  I  S  L  I  N  T  A  N  G  L  X
```

KETINGGIAN	LAUT
ATLAS	MERIDIAN
KOTA	GUNUNG
BENUA	DUNIA
KHATULISTIWA	UTARA
BELAHAN BUMI	BARAT
PULAU	NEGARA
GARIS LINTANG	SUNGAI
GARIS BUJUR	SELATAN
PETA	WILAYAH

56 - Deportes

```
A G E R A K A N O V U W N N
D I S R A U A N P M D X W I
F M N W T M W N S O K N M I
B N P E R M A I N A N T I M
P A G J B T S G B G A L C A
E S S T A D I O N I G J P H
M I E K P A T L E T S H A O
E U N Q E E S F O R Z B V K
N M A R H T M H H D T P O I
A J M K E J U A R A A N V L
N H Z D S D V J I Y C W D P
G T E N I S H T P N D B E C
S E P E D A E X X U B T L O
D W S P F I P E L A T I H T
```

ATLET   PEMENANG
WASIT   SENAM
BASKET   GIMNASIUM
BISBOL   GOLF
SEPEDA   HOKI
KEJUARAAN   PERMAINAN
PELATIH   PEMAIN
TIM   GERAKAN
STADION   TENIS

57 - Actividades

```
P  R  T  Y  J  F  K  S  Q  E  G  D  B  P
U  U  W  H  Z  A  X  E  M  S  I  H  I  R
W  E  Z  O  R  D  H  N  A  O  O  O  M  I
I  I  W  Z  Y  N  X  I  H  H  R  N  K  K
B  P  A  B  L  F  O  Q  T  M  L  O  E  E
E  P  L  E  R  E  X  X  H  E  L  I  R  S
R  E  K  R  E  A  S  I  M  M  U  M  A  E
K  R  E  B  L  P  T  J  E  A  K  I  J  N
E  M  R  U  A  U  S  R  M  N  I  N  I  A
B  A  A  R  K  M  B  I  B  C  S  A  N  N
U  I  M  U  S  W  F  N  A  I  A  T  A  G
N  N  I  T  A  G  Z  M  C  N  N  C  N  A
X  A  K  F  S  X  U  C  A  G  I  E  H  N
C  N  V  L  I  A  K  T  I  V  I  T  A  S
```

AKTIVITAS	PERMAINAN
SENI	MEMBACA
KERAJINAN	SIHIR
BERBURU	REKREASI
KERAMIK	MEMANCING
JAHIT	LUKISAN
KEAHLIAN	KESENANGAN
MINAT	RELAKSASI
BERKEBUN	PUZZLE

58 - Verduras

```
B R O K O L I R Y M W B T K
J A R T I C H O K E O A E Z
P A W J A M U R W N R W R Y
E P H A U X I L N T T A O P
T E K E N T A N G I E N N Z
E E R U S G Q R P M L G G S
R O D F Z N Q G T U Q P A A
S X C X T V U C L N F U Q L
E K A C A N G E M C P T K A
L S R A Z S E L E D R I W D
I D W N I K V O A K T H R N
S D S H N T E B F B A Y A M
T O M A T C Z A I T U N D P
B C J D R H G K O I E N P K
```

BAWANG PUTIH   JAHE
ARTICHOKE   LOBAK
SELEDRI   ZAITUN
TERONG   KENTANG
BROKOLI   MENTIMUN
LABU   PETERSELI
BAWANG   JAMUR
SALAD   TOMAT
BAYAM   WORTEL
KACANG

59 - Instrumentos Musicales

```
J  P  B  V  O  R  E  P  D  J  S  R  H  T
Y  E  A  D  D  K  P  P  N  T  A  E  A  E
B  R  S  E  R  U  L  I  N  G  K  B  R  R
P  K  S  G  T  U  E  A  K  M  S  A  M  O
R  U  O  D  I  I  M  N  L  A  O  N  O  M
V  S  O  M  C  T  I  O  A  R  F  A  N  P
T  I  N  X  P  T  A  P  R  I  O  B  I  E
D  Y  G  O  V  R  A  R  I  M  N  I  K  T
B  M  A  N  D  O  L  I  N  B  U  O  A  S
H  A  R  P  A  M  N  U  E  A  X  L  H  E
A  C  N  F  H  B  T  D  T  M  I  A  G  L
O  B  O  J  U  O  G  Z  D  E  U  X  O  O
P  D  R  N  O  N  N  N  J  V  X  K  N  H
U  S  T  Q  Q  J  E  D  Y  W  R  L  G  V
```

HARMONIKA	OBO
HARPA	REBANA
BANJO	PERKUSI
KLARINET	PIANO
BASSOON	SAKSOFON
SERULING	DRUM
GONG	TROMBON
GITAR	TEROMPET
MANDOLIN	BIOLA
MARIMBA	SELO

60 - Escalada

```
S  S  E  M  P  I  T  C  E  G  Z  X  S  P
A  V  T  S  E  P  A  T  U  B  O  T  U  E
R  J  Y  A  Z  O  H  I  K  I  N  G  A  L
U  P  M  S  B  F  L  M  E  D  A  N  S  A
N  W  N  T  J  I  I  L  K  R  W  V  A  T
G  G  S  B  W  S  L  G  U  A  P  G  N  I
T  W  P  K  R  J  I  A  E  B  G  A  H
A  K  A  N  G  K  E  T  T  H  E  L  M  A
N  P  A  N  D  U  A  N  A  A  A  C  H  N
G  W  J  D  Z  A  B  K  N  J  S  E  O  G
A  K  E  T  I  N  G  G  I  A  N  D  H  U
N  Y  C  D  W  L  O  U  J  O  P  E  T  A
M  Z  Y  H  J  P  T  I  C  K  Z  R  V  O
K  E  I  N  G  I  N  T  A  H  U  A  N  P
```

KETINGGIAN	FISIK
SUASANA	PELATIHAN
SEPATU BOT	KEKUATAN
HELM	SARUNG TANGAN
GUA	PANDUAN
KEINGINTAHUAN	CEDERA
STABILITAS	PETA
SEMPIT	HIKING
AHLI	MEDAN

61 - Mascotas

```
G M K S R I V H V B D R H E
T A H A M S T E R U K S L C
E K A P D Y X E I R B G B U
T A G I U A T O B U G U H A
I N C B P K L R C N C F X K
K A I Y A U U R A G T Q U E
U N P I I C E R K B Z Y G L
S X J D R I K D A E K O R I
F U J G M N T A R O A T K N
I K A N Y G P K M X T A E C
P E N Y U Q B U U B M L R I
E A A N J I N G P F I I A Y
T J E A Z U T W Y P Z N H H
C K R U J T R F J R Y E G M
```

AIR   HAMSTER
KAMBING   KADAL
PUPPY   BURUNG BEO
EKOR   CAKAR
KERAH   ANJING
MAKANAN   IKAN
KELINCI   TETIKUS
TALI   PENYU
KUCING   SAPI

62 - Formas

```
O  S  O  I  N  H  Z  S  D  H  V  P  M  M
V  X  I  J  P  Q  P  G  I  H  J  I  M  L
A  R  C  L  P  H  H  A  W  S  J  R  B  I
L  S  E  G  I  T  I  G  A  J  I  A  B  N
U  H  L  T  Z  N  B  J  G  G  A  M  U  G
S  V  Z  G  S  U  D  U  T  U  N  I  L  K
V  L  K  U  R  V  A  E  M  E  Y  D  A  A
Y  X  U  U  Q  D  J  T  R  L  P  A  T  R
I  T  B  O  L  A  R  T  G  A  R  I  S  A
C  P  U  P  E  R  S  E  G  I  I  A  J  N
U  S  S  S  E  L  I  P  S  Q  S  Y  B  W
K  E  R  U  C  U  T  G  E  P  M  J  W  A
C  D  H  I  P  E  R  B  O  L  A  S  C  O
P  O  L  I  G  O  N  L  H  K  O  S  C  R
```

ARC	SUDUT
TEPI	HIPERBOLA
SILINDER	SISI
LINGKARAN	GARIS
KERUCUT	OVAL
PERSEGI	PIRAMIDA
KUBUS	POLIGON
KURVA	PRISMA
ELIPS	BULAT
BOLA	SEGITIGA

63 - Flores

```
S E M A N G G I Y L I L Y O
P O P P Y N S W D A I S Y I
L T U L I P M H B V D L D I
U F Q Q D T O Z P E B F A T
M A W A R S F D E N U H N C
E A W U D A F F O D I L D A
R Y G S C W V L N E K D E N
I V P N P F R Q Y R Q L L G
A V Q M O K E L O P A K I G
F K T D L L B U K E T K O R
G A R D E N I A R Z H K N E
R U M C F Z N A H C B C D K
P A S S I O N F L O W E R A
H I B I S C U S M E L A T I
```

POPPY	DAFFODIL
DANDELION	ANGGREK
GARDENIA	PASSIONFLOWER
HIBISCUS	PEONY
MELATI	KELOPAK
LAVENDER	PLUMERIA
LILAC	BUKET
LILY	MAWAR
MAGNOLIA	SEMANGGI
DAISY	TULIP

64 - Astronomía

```
K Y Z L K B A U G Z E E Q P
O B S E R V A T O R I U M L
A S T R O N O T X G E E E A
B A K O N S T E L A S I T N
U T X U V L A N G I T O E E
L E R A D I A S I M M O O T
A L O T E L E S K O P T R Z
N I K J B S U P E R N O V A
Z T E F H U A S T E R O I D
O G T K O S M O S I S S M A
G E R H A N A I Z A Z A L P
V X M M Z R A S T R O N O M
E Q U I N O X G A L A K S I
A L A M S E M E S T A M J W
```

ASTEROID	BULAN
ASTRONOT	METEOR
ASTRONOM	OBSERVATORIUM
LANGIT	PLANET
ROKET	RADIASI
KONSTELASI	SATELIT
KOSMOS	SUPERNOVA
GERHANA	TELESKOP
EQUINOX	BUMI
GALAKSI	ALAM SEMESTA

65 - Tiempo

```
F E Y M T M I N G G U K K S
L G S L A E D I N I Y E E E
T J U X H N L A P O D R M K
S A A T U I S S P C C R A A
W M H B N T N D F I D Y R R
Y V M U A B U L A N E I I A
K A L E N D E R P A G I N N
M A S A D E P A N J V M H G
B Q L Z C F D X N C P Z W P
M N S B Y V M J J J X H Z Y
D A S A W A R S A G U V C L
S B L H A R I H N S I A N G
U R S A S E B E L U M V R D
P D J A M H A R I I N I Q Y
```

SEKARANG	HARI INI
SEBELUM	PAGI
TAHUNAN	SIANG
TAHUN	BULAN
KEMARIN	MENIT
KALENDER	SAAT
DASAWARSA	MALAM
HARI	MINGGU
MASA DEPAN	ABAD
JAM	DINI

66 - Paisajes

```
C  R  C  P  S  F  F  T  D  M  Q  V  S  G
H  F  T  F  W  D  G  U  R  U  N  D  H  G
K  U  D  N  Q  G  R  N  D  A  A  G  V  E
L  F  Y  M  I  X  P  D  S  A  W  T  N  Y
E  C  M  P  R  H  A  R  E  G  N  A  F  S
M  J  T  A  X  C  Q  A  M  L  G  A  P  E
B  S  U  N  G  A  I  M  E  E  U  L  U  R
A  I  R  T  E  R  J  U  N  T  N  A  L  L
H  E  L  A  L  G  B  A  A  S  U  G  A  S
D  G  X  I  M  P  U  R  N  E  N  U  U  L
O  A  S  I  S  C  D  A  J  R  G  N  D  A
Z  R  G  I  R  F  O  U  U  J  E  A  U  U
B  V  G  U  I  Y  Y  G  N  S  S  T  O  T
F  K  V  O  Q  I  Q  I  G  U  N  U  N  G
```

AIR TERJUN	LAUT
GUA	GUNUNG
GURUN	OASIS
MUARA	RAWA
GEYSER	SEMENANJUNG
GLETSER	PANTAI
GUNUNG ES	SUNGAI
PULAU	TUNDRA
DANAU	LEMBAH
LAGUNA	

67 - Días y Meses

```
C H K A M I S F Z K K C J Q
B F A S E P T E M B E R U N
G D L S D P S B W Y O P N O
W E E M H N E R V T D K I U
M I N G G U L U R S E N I N
I N D J O K A A G A A P O G
J T E U P O S R N A B B K X
D A R L F Q A I O G R U T B
H H N I Z I J N V U V E O U
F U F U U A Y P E S V F B W
I N T J A P I S M T A T E I
J U M A T R R A B U R J R A
P W S R Z I I K E S O N Q N
F G L B U L A N R L K R B X
```

APRIL	SENIN
AGUSTUS	SELASA
TAHUN	BULAN
KALENDER	RABU
MINGGU	NOVEMBER
JANUARI	OKTOBER
FEBRUARI	SABTU
KAMIS	SEPTEMBER
JULI	JUMAT
JUNI	

68 - Chocolate

```
A N T I O K S I D A N Z A N
K O W Y N Z C I B O D T V R
A E K S O T I S G A E I D E
L P A H I T K U A L I T A S
O S R G V C Y G G E N T R E
R W A W G B W Q Z I E T P
I N M S B L D Q N A C V I C
B K E L A P A A R T E N S S
K A L M S R Y E A R O M A B
A A H F U Z B N S R E M N U
K D C A P F X D A W Q F A B
A K M A N I S Y D C Q Y L U
O Q K U N F A V O R I T N K
X X D U F G Q O E C J L Y D
```

PAHIT   KELAPA
ANTIOKSIDAN   LEZAT
AROMA   MANIS
ARTISANAL   EKSOTIS
GULA   FAVORIT
KACANG   RASA
KAKAO   BAHAN
KUALITAS   BUBUK
KALORI   RESEP
KARAMEL

69 - Barbacoas

```
P E R M A I N A N M H Z T N
I M A K A N M A L A M U B K
S S A Y U R A N W X O J X E
A D M Q L M U S I K U D L L
U O U M A K A N S I A N G A
Z E S D K P A A Y A M B J P
G R I L L G N H U S Z Z F A
T O M A T K E L U A R G A R
A I P P S B G J S U N B Z A
R G A R A M U X J S U A V N
K B N U P N Q A Q M Y W K U
E B A E T Z A K H I J A P V
F S S L A D A S V Q B N G E
S A L A D V B X Q D B G F Y
```

MAKAN SIANG	MUSIK
PANAS	ANAK
BAWANG	GRILL
MAKAN MALAM	LADA
PISAU	AYAM
SALAD	GARAM
KELUARGA	SAUS
BUAH	TOMAT
KELAPARAN	MUSIM PANAS
PERMAINAN	SAYURAN

70 - Ropa

```
N Z Z B T P E R H I A S A N
V C S A N D A L T Y Z A I S
P B I J S E P A T U X R F V
R O K U U R O S O F C U R R
G K A L U N G F L Q E N N Q
J T T O P I E Y Y W L G K H
I M P W G M F F S W E T E R
S X I G C A O B T F M A W P
M A N T E L U D L Z E N O I
B B G I L E L N E U K G M Y
P L G R A U V R D U S A J A
T W A O N V Y I Q N Y N A M
E M N K A X M J A U A Q S A
A B G E L A N G S Q L J M N
```

MANTEL	PERHIASAN
BLUS	MODE
SYAL	CELANA
BAJU	PIYAMA
JAS	GELANG
IKAT PINGGANG	SANDAL
KALUNG	TOPI
CELEMEK	SWETER
ROK	GAUN
SARUNG TANGAN	SEPATU

71 - Meditación

```
L  G  K  E  B  A  H  A  G  I  A  A  N  O
S  E  J  P  E  R  S  P  E  K  T  I  F  B
I  R  E  I  D  P  I  K  I  R  A  N  Q  S
K  A  M  U  Q  M  E  N  T  A  L  W  C  E
A  K  O  P  E  N  E  R  I  M  A  A  N  R
P  A  S  T  F  I  T  Q  H  M  Y  I  W  V
A  N  I  U  K  J  P  L  N  A  U  Q  R  A
K  E  J  E  L  A  S  A  N  B  T  S  P  S
K  E  B  A  I  K  A  N  B  A  N  I  I  I
P  E  R  D  A  M  A  I  A  N  C  E  A  K
K  E  S  U  N  Y  I  A  N  G  S  T  A  N
A  L  A  M  O  J  E  S  Y  U  K  U  R  Q
T  E  N  A  N  G  K  G  Q  N  L  V  X  O
J  K  A  S  I  H  S  A  Y  A  N  G  N  F
```

PENERIMAAN	MENTAL
PERHATIAN	PIKIRAN
KEBAIKAN	GERAKAN
TENANG	MUSIK
KEJELASAN	ALAM
KASIH SAYANG	OBSERVASI
BANGUN	PERDAMAIAN
EMOSI	PERSPEKTIF
KEBAHAGIAAN	SIKAP
SYUKUR	KESUNYIAN

72 - Perros

```
K E C I L T S B D T M C K Q
T S D B Q A V M T U E L E C
T A U R T L Q Z V L N E R F
O H G P D I Z R V A Y M A V
B R J V G G U B P N E B S M
P E L A T I H A N G N U K C
B P R A M A H Q F N A T E D
T E U B P E T E M A N J P W
U V S P U L H Y Y L G Q A K
Y I E A P L H B O U K N L T
K Z T T R Y U A Z R A B A T
F H I U A Q O H J I N S X D
J W A H G M U Y B P L U I B
M X A U Q V W Q D P Q Y D J
```

RAMAH	NALURI
PUPPY	SETIA
TEMAN	PET
TALI	PATUH
MENYENANGKAN	BERBULU
PELATIHAN	KECIL
BESAR	LEMBUT
TULANG	KERAS KEPALA

73 - Comedia

```
E  J  I  B  T  P  Q  H  P  A  R  O  D  I
K  T  M  F  E  J  Y  L  A  F  H  I  J  R
S  L  P  C  L  U  A  T  U  D  U  H  X  W
P  E  R  E  E  Z  A  E  R  C  I  S  H  N
R  L  O  R  V  U  M  P  L  Y  U  R  R  I
E  U  V  D  I  G  Y  U  O  M  T  N  I  P
S  C  I  I  S  M  O  K  R  Q  J  A  R  N
I  O  S  K  I  U  L  T  U  U  D  W  B
F  N  A  Y  M  I  O  A  K  T  R  I  S  A
O  D  S  K  N  L  U  N  R  E  G  Y  X  D
S  R  I  O  F  O  P  G  L  A  M  P  C  U
G  D  H  U  M  O  R  A  J  T  X  H  Q  T
G  E  N  R  E  O  X  N  S  E  Y  A  V  X
H  T  W  C  A  A  K  T  O  R  H  F  C  K
```

AKTOR	HUMOR
AKTRIS	IMPROVISASI
TEPUK TANGAN	CERDIK
HADIRIN	PARODI
LELUCON	BADUT
EKSPRESIF	TAWA
GENRE	TEATER
LUCU	TELEVISI

74 - Libros

```
S P O H Z G T U Q I V H H N
P A W R B K O L E K S I A A
E E S Y X F W O K D K S L R
M T T T S E R I J U O T A A
B O I U R E L E V A N O M T
A G N H A A D C O L T R A O
C I V H H L P P R I E I N R
A C E R I T A U C T K S T V
O L N U A N G N I A S P R T
D I T U L I S O G S O H A F
S S I N I C T V X A I K G B
R B F N A W V E N E N M I R
P E N U L I S L U C U Y S G
P E N C E L U P A N S N K P
```

PENULIS
PETUALANGAN
KOLEKSI
KONTEKS
DUALITAS
DITULIS
CERITA
HISTORIS
LUCU
PENCELUPAN

INVENTIF
PEMBACA
SASTRA
NARATOR
NOVEL
HALAMAN
RELEVAN
PUISI
SERI
TRAGIS

75 - Nutrición

```
R F K O T W Y U I P G B P B
D H E A R D H R F R I E E I
N I C R R A S A C O Z R N S
G G V K M B L S Y T I A C A
G O N K U E O J Z E K T E D
K S K I P A N H Y I A I R I
S E R E A L L T I N L K N M
E H D D H V O I A D O E A A
I A A D I E T S T S R R A K
M T X S T Y A L A A I A N A
B K E S E H A T A N S C T N
A V I T A M I N Z F A U B A
N A F S U M A K A N U N P Q
G Z B M R K C K N D S G Z J
```

PAHIT	FERMENTASI
NAFSU MAKAN	GIZI
KUALITAS	BERAT
KALORI	PROTEIN
KARBOHIDRAT	RASA
SEREAL	SAUS
BISA DIMAKAN	KESEHATAN
DIET	SEHAT
PENCERNAAN	RACUN
SEIMBANG	VITAMIN

76 - Edificios

```
O Y J C R U M A H S A K I T
B S P X E A H P O O G D S T
S T A D I O N A M T S D U B
E K B M T L T R A L T T P R
R A R E X T R T M L Y P E F
V S I N Z Q W E G H P F R L
A T K A P I F M U S E U M B
T I S R H B X E M X R W A I
O L E A P O V N M S T H R O
R Z K E D U T A A N A H K S
I S O T E A T E R D N A E K
U F L K M T J V L P I Y T O
M E A L T I G G A R A S I P
F S H G U D A N G D N Z J G
```

HOSTEL	GUDANG
APARTEMEN	PERTANIAN
KASTIL	RUMAH SAKIT
BIOSKOP	HOTEL
KEDUTAAN	MUSEUM
SEKOLAH	OBSERVATORIUM
STADION	SUPERMARKET
PABRIK	TEATER
GARASI	MENARA

77 - Océano

```
B  L  M  N  H  C  E  G  Q  K  Z  M  S  X
J  C  B  I  X  I  R  E  C  O  I  J  V  M
K  G  E  E  Z  V  U  D  A  N  G  A  J  L
K  A  J  I  L  U  M  B  A  L  U  M  B  A
E  R  O  B  J  I  P  A  U  S  F  J  W  O
P  A  P  E  N  Y  U  D  F  R  G  Z  K  T
I  M  R  L  X  B  T  A  Z  T  U  N  A  U
T  K  R  U  U  H  L  I  D  I  R  B  E  P
I  V  A  T  I  S  A  K  S  R  I  A  U  E
N  Q  V  N  W  P  U  Z  Z  A  T  B  R  R
G  A  L  G  A  O  T  N  R  M  A  K  A  A
M  Q  N  A  G  N  T  E  R  U  M  B  U  H
O  I  V  B  R  S  W  X  B  J  W  A  L  U
K  A  R  A  N  G  L  U  G  K  J  J  Q  U
```

ALGA	LUMBA-LUMBA
RUMPUT LAUT	SPONS
BELUT	UBUR-UBUR
TERUMBU	TIRAM
TUNA	IKAN
PAUS	GURITA
PERAHU	GARAM
UDANG	HIU
KEPITING	BADAI
KARANG	PENYU

78 - Ciudad

```
H U N I V E R S I T A S G J
O P E R P U S T A K A A N M
T Q S U P E R M A R K E T Y
E A T O K O B U K U T O K O
L T R P G G C M U S E U M F
B I O S K O P A T D A J L A
A Z V K F L O R I S T H Y R
N U X L O G V O S I E B M M
K T L A R R E S T O R A N A
G E D T O B O N A P C N T S
S E K O L A H T D A A D F I
K L I N I K P V I S C A I Z
G A L E R I I E O A L R H R
E W E D W Z T D N R S A C O
```

BANDARA	HOTEL
BANK	TOKO BUKU
PERPUSTAKAAN	PASAR
BIOSKOP	MUSEUM
KLINIK	TOKO ROTI
SEKOLAH	RESTORAN
STADION	SUPERMARKET
FARMASI	TEATER
FLORIST	TOKO
GALERI	UNIVERSITAS

79 - Conservación

```
P  K  C  O  Z  P  P  H  Z  E  V  I  F  L
Z  E  X  J  D  I  O  A  I  K  L  I  M  I
Z  S  S  A  N  J  L  B  I  O  P  P  X  N
Y  E  P  T  L  P  U  I  H  S  E  E  F  G
Z  H  U  C  I  Q  S  T  H  I  R  R  B  K
H  A  C  N  S  S  I  A  X  S  U  H  V  U
S  T  Q  M  W  I  I  T  J  T  B  A  Y  N
I  A  R  Z  C  X  K  D  N  E  A  T  E  G
D  N  P  E  W  O  K  L  A  M  H  I  U  A
O  R  G  A  N  I  K  G  U  V  A  A  A  N
D  A  U  R  U  L  A  N  G  S  N  N  L  U
A  B  P  E  N  D  I  D  I  K  A  N  A  W
O  V  E  D  H  Z  R  H  I  J  A  U  M  Y
M  E  N  G  U  R  A  N  G  I  Y  I  I  U
```

AIR
LINGKUNGAN
PERUBAHAN
SIKLUS
IKLIM
POLUSI
EKOSISTEM
PENDIDIKAN
HABITAT

ALAMI
ORGANIK
PESTISIDA
PERHATIAN
DAUR ULANG
MENGURANGI
KESEHATAN
HIJAU

80 - Exploración

```
F  F  J  Z  G  D  P  V  T  P  U  P  K  L
V  E  C  W  K  M  E  D  A  N  S  R  E  L
B  K  A  U  C  T  N  J  S  M  X  P  G  V
E  E  H  D  A  Y  E  B  A  R  U  Q  E  B
P  L  R  F  D  P  M  J  T  J  A  U  M  U
E  E  B  B  Y  R  U  A  N  G  K  A  B  D
R  L  M  A  A  T  A  U  X  O  T  F  I  A
G  A  X  I  H  H  N  H  E  G  I  B  R  Y
I  H  H  I  T  A  A  T  E  G  V  L  A  A
A  A  C  V  U  S  S  Y  E  Z  I  I  A  V
N  N  X  E  H  N  J  A  A  K  T  A  N  B
D  I  K  E  T  A  H  U  I  A  A  R  O  I
B  I  N  A  T  A  N  G  X  T  S  D  V  U
Q  K  E  B  E  R  A  N  I  A  N  A  B  R
```

AKTIVITAS	KEGEMBIRAAN
KELELAHAN	RUANG
BINATANG	BAHASA
KEBERANIAN	BARU
BUDAYA	BERBAHAYA
DIKETAHUI	LIAR
PENEMUAN	MEDAN
TEKAD	BEPERGIAN
JAUH	

81 - Campeonato

```
K  L  F  S  M  L  M  I  R  K  T  F  T  T
O  Q  D  Z  T  O  W  J  A  U  J  B  U  I
C  W  Y  J  P  R  T  S  G  D  K  F  R  M
Q  S  C  U  A  B  A  I  K  I  D  F  N  O
F  I  N  A  L  I  S  T  V  N  Z  T  A  K
S  M  I  R  V  F  O  F  E  A  G  E  M  E
U  L  Y  A  A  P  V  L  D  G  S  N  E  R
R  P  D  C  E  M  E  D  A  L  I  I  N  I
K  E  J  U  A  R  A  A  N  H  P  I  J  N
J  L  W  P  L  I  G  A  F  Z  R  H  M  G
D  A  P  E  R  M  A  I  N  A  N  A  V  A
Z  T  K  E  T  A  H  A  N  A  N  V  G  T
L  I  K  E  M  E  N  A  N  G  A  N  J  A
S  H  A  K  I  M  A  F  V  H  C  N  J  G
```

KEJUARAAN	HAKIM
JUARA	LIGA
OLAHRAGA	MEDALI
PELATIH	MOTIVASI
TIM	KETAHANAN
STRATEGI	TURNAMEN
FINALIS	KERINGAT
PERMAINAN	KEMENANGAN

82 - Actividades y Ocio

```
C  G  O  L  F  B  I  S  B  O  L  H  B  P
S  A  V  V  Y  M  E  M  A  N  C  I  N  G
E  B  M  B  V  U  B  G  S  M  S  K  B  B
P  E  N  P  M  W  Q  F  K  S  E  I  O  A
A  R  S  T  I  A  B  R  E  A  N  N  L  L
K  S  J  Z  P  N  P  U  T  N  I  G  A  A
B  E  O  R  Q  B  G  A  T  T  G  U  V  P
O  L  B  E  P  E  R  G  I  A  N  M  O  B
L  A  E  N  X  R  T  E  N  I  S  I  L  H
A  N  L  A  G  K  O  D  J  F  Q  E  I  X
N  C  A  N  N  E  S  K  U  J  S  E  R  W
C  A  N  G  K  B  L  U  K  I  S  A  N  F
K  R  J  B  D  U  M  E  N  Y  E  L  A  M
D  C  A  Y  S  N  U  V  Z  A  Y  P  Z  P
```

SENI	BERKEBUN
BASKET	RENANG
BISBOL	MEMANCING
TINJU	LUKISAN
MENYELAM	SANTAI
CAMPING	HIKING
BALAP	BERSELANCAR
BELANJA	TENIS
SEPAK BOLA	BEPERGIAN
GOLF	BOLA VOLI

83 - Comida #1

```
D B A J U X I P Z K U H O K
X A S U C R L L M A O F V Z
L C G S N R S L F Y V Z L K
K U U I V T P M E U M E Q E
E K L L N F S K E M A N G I
C H A H X G U U L A P N G Z
L E M O N N S N P N I H H T
O T D E Q N U Q V I R L P U
B A W A N G G P A S P G O D
A S Z B A W A N G P U T I H
K M Y A S T R O B E R I J G
T B Y Y A L A T U N A H Z Z
J E L A I O M S A L A D F H
P S U M M I N T W O R T E L
```

BAWANG PUTIH	STROBERI
KEMANGI	JUS
TUNA	SUSU
GULA	LEMON
KAYU MANIS	MINT
DAGING	LOBAK
JELAI	PIR
BAWANG	GARAM
SALAD	SUP
BAYAM	WORTEL

84 - Virtudes #1

```
S E D E R H A N A L Q P A M
M A N D I R I C W P L D L E
D X B B H W D T K I R C P N
P E N A S A R A N M B E R E
G B U D R L M Z L A I R A N
B E R S I H U Z K J J D K T
B F U T Q G X C G I A A T U
J I R Y J Q T H U N K S I K
O S M E N A W A N A S V S A
O I B A G U S L N T A O C N
N E S K Y U Q Y T I N T K C
U N I M I C B Q I F A B U S
D E R M A W A N G K G C J J
A R T I S T I K P Q Y L B T
```

ASYIK	IMAJINATIF
ARTISTIK	MANDIRI
BAGUS	CERDAS
PENASARAN	BERSIH
MENENTUKAN	SEDERHANA
EFISIEN	SABAR
MENAWAN	PRAKTIS
DERMAWAN	BIJAKSANA
LUCU	

85 - Literatura

```
D  N  P  R  K  U  W  T  T  A  T  I  O  J
E  A  E  U  W  A  W  V  E  N  R  T  Q  U
S  R  Y  F  I  K  S  I  P  E  A  V  E  P
K  A  X  K  I  T  R  S  U  K  G  W  K  E
R  T  B  M  R  E  I  Y  I  D  E  R  N  N
I  O  B  E  A  M  W  S  S  O  D  L  K  U
P  R  G  T  M  A  S  N  I  T  I  C  Q  L
S  A  F  A  A  N  A  L  I  S  I  S  B  I
I  N  R  F  Y  B  I  O  G  R  A  F  I  S
Q  B  L  O  X  A  N  O  V  E  L  J  I  M
G  B  L  R  D  I  A  L  O  G  F  H  A  R
A  T  F  A  A  N  A  L  O  G  I  S  K  K
P  E  R  B  A  N  D  I  N  G  A  N  U  W
K  E  S  I  M  P  U  L  A  N  K  T  N  T
```

ANALOGI	FIKSI
ANALISIS	METAFORA
ANEKDOT	NARATOR
PENULIS	NOVEL
BIOGRAFI	PUISI
PERBANDINGAN	PUITIS
KESIMPULAN	SAJAK
DESKRIPSI	IRAMA
DIALOG	TEMA
GAYA	TRAGEDI

86 - Clima

```
O  Y  J  A  L  A  T  B  E  R  A  W  A  N
I  W  A  N  G  I  N  D  S  H  A  K  L  I
G  U  N  T  U  R  M  U  S  I  M  U  A  K
K  T  R  O  P  I  S  M  W  F  K  T  N  L
N  E  T  O  R  N  A  D  O  R  I  U  G  I
K  N  K  K  A  B  U  T  C  W  S  B  I  M
E  A  P  E  N  J  Z  O  C  W  I  U  T  P
R  N  E  T  R  T  G  W  U  D  B  V  H  S
I  G  T  B  O  I  A  E  C  P  A  G  E  U
N  L  I  S  A  B  N  W  K  B  N  D  D  A
G  B  R  K  D  D  H  G  G  M  J  O  M  S
G  I  X  Z  Z  O  A  S  A  T  I  F  A  A
J  P  N  K  W  W  R  I  Q  N  R  Y  B  N
V  P  Y  U  R  C  B  P  A  W  A  N  K  A
```

SUASANA   KUTUB
TENANG   PETIR
LANGIT   KERING
IKLIM   KEKERINGAN
ES   SUHU
BANJIR   BADAI
MUSIM   TORNADO
KABUT   TROPIS
AWAN   GUNTUR
BERAWAN   ANGIN

87 - Comida #2

```
K T F A K X T R Z Y D K S D
C E R I T E R O N G Q E C S
S L C O K L A T M A S J F G
W U K I W I L I A A S U Q A
E R B K O V M Y P Y T I T N
G D L A Y G O O E J A H E D
H I S N M V N G L Q W M T U
P Q E V R O D H G F U C D M
I N B X L Z V U Y H R W H H
S E L E D R I R S M X E C T
A N G G U R L T H T M P T O
N A R T I C H O K E E O Q Y
G N R R I A P M G X P K E J
E A R P C W J P I U Q U O T
```

ARTICHOKE	APEL
ALMOND	ROTI
SELEDRI	IKAN
NASI	PISANG
TERONG	AYAM
CERI	KEJU
COKLAT	TOMAT
TELUR	GANDUM
JAHE	ANGGUR
KIWI	YOGHURT

88 - Castillos

```
I  U  T  P  K  E  K  A  I  S  A  R  A  N
S  N  F  E  O  D  A  L  W  H  V  E  R  C
T  I  J  R  K  E  R  A  J  A  A  N  U  D
A  C  W  I  K  A  T  A  P  E  L  A  B  R
N  O  W  S  S  S  M  U  L  I  A  G  T  C
A  R  N  A  H  P  A  N  G  E  R  A  N  B
A  N  Z  I  R  A  H  T  P  E  D  A  N  G
K  U  D  A  P  Q  G  Y  R  B  I  M  O  X
M  A  H  K  O  T  A  P  O  I  N  I  C  O
Q  J  E  J  Y  Y  N  M  E  N  A  R  A  C
J  Y  N  E  O  D  Y  E  V  F  S  G  Z  Z
O  X  C  N  W  V  J  B  E  N  T  E  N  G
J  M  T  Z  M  F  P  U  T  R  I  X  L  H
F  J  Y  D  I  N  D  I  N  G  V  O  Y  T
```

ZIRAH	BENTENG
KSATRIA	KEKAISARAN
KUDA	MULIA
KATAPEL	ISTANA
MAHKOTA	DINDING
DINASTI	PUTRI
NAGA	PANGERAN
PERISAI	KERAJAAN
PEDANG	MENARA
FEODAL	UNICORN

89 - Arte

```
M E N G G A M B A R K A N S
E C A L L A I B J F S K X U
K O M P O S I S I H U E H R
S H Y R Y L E E G I B R Q E
P Q H I N I M D K M J A S A
R M Z B Q K Y Z E N E M L L
E T K A H S N V Z R K I E I
S F U D V I S U A L H K U S
I W N I Z Z P E S G O A H M
M P A T U N G X X G R Y N E
S U A S A N A H A T I Z B A
S I M B O L U K I S A N L V
Y S C Q O Z J U J U R Y V Z
Z I K O M P L E K S I S L L
```

KERAMIK
KOMPLEKS
KOMPOSISI
PATUNG
EKSPRESI
JUJUR
SUASANA HATI
ASLI
PRIBADI

LUKISAN
PUISI
MENGGAMBARKAN
SEDERHANA
SIMBOL
SUREALISME
SUBJEK
VISUAL

90 - Herboristería

```
R O S E M A R Y I S D M K T
V I S V A R X Y L X I I N C
U O R T R O K E B U N N L I
A D A S J M K U A L I T A S
O Z B M O A T A R R A G O N
J R A K R T N Y I O F V R L
P N H P A I K U N Y I T A A
K R A W M K U L I N E R S V
Y E N M W T A N A M A N A E
H Q M P E T E R S E L I A N
I I B A W A N G P U T I H D
J J B U N G A J P A A J H E
A H H E B G S N W J U I Z R
U G A S T R I L O A O L W V
```

BAWANG PUTIH   BAHAN
KEMANGI   KEBUN
AROMATIK   LAVENDER
KUNYIT   MARJORAM
KUALITAS   MINT
KULINER   PETERSELI
DIL   TANAMAN
TARRAGON   ROSEMARY
BUNGA   RASA
ADAS   HIJAU

91 - Verano

```
C V P L I R W Z Y R R S U P
B E P E R G I A N U E A O E
Y K E L U A R G A M L N A R
M E N Y E L A M R A A D M M
L N X Q R B E K F H K A T A
P A B M H Y P U D A S L I I
A N U B V U B M A K A N A N
N G K T I M U S I K S T L A
T A U K F N N S M E I E I N
A N A Q P U T P O B X M B I
I Y I B J Q N A L U H A U J
R E K R E A S I N N T N R K
A M V C A M P I N G M Q A Y
K E G E M B I R A A N R N B
```

KEGEMBIRAAN
TEMAN
MENYELAM
CAMPING
MAKANAN
BINTANG
KELUARGA
RUMAH
KEBUN
PERMAINAN

BUKU
LAUT
MUSIK
REKREASI
PANTAI
KENANGAN
RELAKSASI
SANDAL
LIBURAN
BEPERGIAN

92 - Insectos

```
D C W J M L G M B S A W B T
P V T Q F Q L P S O P W B W
J Q Z W O T M Z K F H Y D K
L M M J S N Q K G O I Y C P
E A J A N G K R I K D C C I
B N R K W E B E L A L A N G
A T S V L N K K E C O A K R
H I C C A G U L A D Y B U G
H S A A X A T A W O N N M N
V O R C P T U R A Y A P B Y
J H R I K U P U K U P U A A
R Y M N M M N E M T H H N M
I I M G E F J G Y T M U G U
J S E M U T H U K N B N S K
```

LEBAH	CAPUNG
TAWON	MANTIS
HORNET	KUPU-KUPU
APHID	LADYBUG
JANGKRIK	NYAMUK
KECOA	NGENGAT
KUMBANG	KUTU
CACING	BELALANG
SEMUT	RAYAP
LARVA	

93 - Especias

```
K  L  A  D  A  S  M  A  N  I  S  W  J  D
A  V  A  N  I  L  A  I  K  U  N  Y  I  T
Y  N  J  K  Q  E  O  N  R  V  T  R  J  L
U  L  I  C  O  R  I  C  E  U  B  C  Y  D
M  F  N  S  S  J  J  A  H  E  L  D  T  B
A  M  T  P  E  A  S  A  M  T  R  A  S  A
N  I  E  P  A  P  R  I  K  A  U  W  D  W
I  P  N  D  K  Z  G  U  S  D  Y  M  C  A
S  B  A  W  A  N  G  P  U  T  I  H  E  N
P  U  O  H  R  Z  A  A  X  I  P  S  N  G
H  O  X  L  I  Z  R  L  V  Q  Q  F  G  A
A  K  O  H  N  T  A  A  U  O  B  M  K  M
T  W  R  F  O  Q  M  J  C  Q  E  B  E  F
O  T  F  N  V  Q  I  L  D  R  W  S  H  D
```

ASAM	MANIS
BAWANG PUTIH	ADAS
PAHIT	JAHE
ANISE	PALA
KUNYIT	PAPRIKA
KAYU MANIS	LADA
BAWANG	LICORICE
CENGKEH	RASA
JINTEN	GARAM
KARI	VANILA

94 - Emociones

```
J  X  Z  M  K  B  P  K  I  J  K  T  E  P
Y  S  D  W  E  A  U  E  B  R  E  E  N  E
S  R  G  P  B  M  A  L  U  Q  B  N  T  R
K  A  R  Z  A  A  S  E  I  A  O  A  K  D
B  E  N  J  I  R  Y  M  S  O  S  N  E  A
C  E  T  T  K  A  G  B  I  S  A  G  B  M
C  K  R  E  A  H  T  U  C  I  N  T  A  A
F  M  S  S  N  I  Z  T  G  M  A  A  H  I
L  L  M  H  Y  A  Y  A  R  P  N  K  A  A
E  L  B  D  Z  U  N  N  A  R  U  G  N
G  U  J  Q  O  W  K  G  F  T  Z  T  I  W
A  F  X  C  R  Y  D  U  A  I  I  S  A  O
I  I  H  N  L  X  Y  T  R  N  L  T  A  H
K  E  G  E  M  B  I  R  A  A  N  Y  N  S
```

KEBOSANAN	ISI
BERSYUKUR	AMARAH
KEGEMBIRAAN	TAKUT
LEGA	PERDAMAIAN
CINTA	SANTAI
MALU	PUAS
KEBAHAGIAAN	SIMPATI
KEBAIKAN	KELEMBUTAN
TENANG	KETENANGAN

95 - Mediciones

```
D D J L L G H W L S I G D K
E C G V M E N I T O N R E E
R S X O E P B E R A T A S D
A K B L T A K A L K C M I A
J T O U E N E I R I I D M L
A I N M R J F N L L T O A A
T N S E G A S C P O O E L M
N G H M S N Y I I M G L R A
B G P P G G N O O E R R R N
Y I V T V O I S L T C P A K
T U I S E N T I M E T E R M
E M A S S A B E S R R P P H
C M N A M T O W L L S R L H
N B L S E S J L N X I C A T
```

TINGGI   PANJANG
LEBAR   MASSA
BYTE   METER
SENTIMETER   MENIT
DESIMAL   ONS
DERAJAT   BERAT
GRAM   KEDALAMAN
KILOGRAM   INCI
KILOMETER   TON
LITER   VOLUME

96 - Barcos

```
V I M V K D A N A U D R A P
W C P E L A M P U N G H I E
I B X A P B Y A C H T S C L
A V Z E N D E A T C R O Z A
M A R I T I M B K T Y V X U
L N F A X A W A K L A U T T
S U N G A I L H A K Z L A P
R A K I T I J A N W G C I A
O J A N G K A R O M B A K S
M F Y N C S N I R G F W M A
P E R A H U L A Y A R G N N
O R S T I A N G K A P A L G
E I J I D P Q B M L H J C U
X G Z M N D X A D J H N B U
```

JANGKAR	PELAUT
RAKIT	MARITIM
PELAMPUNG	TIANG KAPAL
KANO	MESIN
TALI	BAHARI
FERI	OMBAK
KAYAK	SUNGAI
DANAU	AWAK
LAUT	PERAHU LAYAR
PASANG	YACHT

97 - Antártida

```
S E M E N A N J U N G W W K
D E I I T O P O G R A F I O
P J S X V V X F A O M M K N
Z E M D V G E B W H I E X S
K E N M I N E R A L G I N E
W Q S E G J J L N L R G N R
V J C O L Y Q D Z P A I R V
B E N U A I G L E T S E R A
U R O C K Y T Z O A I U L S
R P U L A U L I L M I A H I
U E K S P E D I S I E D G U
N R P P E N G U I N C X V T
G N D T G E O G R A F I C Z
R T E L U K S T H L E T P W
```

AIR
TELUK
ILMIAH
KONSERVASI
BENUA
EKSPEDISI
GEOGRAFI
GLETSER
ES
PENELITI

PULAU
MIGRASI
MINERAL
AWAN
BURUNG
SEMENANJUNG
PENGUIN
ROCKY
SUHU
TOPOGRAFI

98 - Piratas

```
M R N F U Q K B X Y I V K B
L E G E N D A L A R U M O E
P B U K O M P A S H J B I K
H E A P W X T R M X A K N A
A B D Z Y Y E B L Z N Y J S
R U C A U P N Z L L C R A L
T R P E N B E N D E R A P U
A U E M L G V I B U R U K K
K N T A B K U Y H M M T T A
A G A S P A N T A I O J U N
R B P E T U A L A N G A N C
U E J H B V L Q V H P W W U
N O P Z D W J A N G K A R T
G L Z I D J F C U A Q K N R
```

JANGKAR
PETUALANGAN
BENDERA
KOMPAS
KAPTEN
BEKAS LUKA
GUA
PEDANG
PULAU
LEGENDA

BURUNG BEO
BURUK
PETA
KOIN
EMAS
BAHAYA
PANTAI
RUM
HARTA KARUN
AWAK

99 - Mamíferos

```
U Z R G J C W X K H G G R B
M X I F R C K D V A N U D E
O K A N G U R U W S M E O R
N U U K E O I O P R U V M U
Y D Q C L U M B A L U M B A
E A J U I P N W E S K K A N
T X P C T N A T W E E E Z G
C O Y O T E G U A R L L E A
B A N T E N G R S I I E B J
P N Z C O M O U T G N D R A
S J F B E W R B J A C A A H
M I Q R Q U I A D L I I C H
V N R J J B L H O A E Q F K
K G N J E R A P A H Z P X H
```

PAUS   KUCING
KELEDAI   GORILA
KUDA   JERAPAH
UNTA   SERIGALA
KANGURU   MONYET
ZEBRA   BERUANG
KELINCI   DOMBA
COYOTE   ANJING
LUMBA-LUMBA   BANTENG
GAJAH   RUBAH

100 - Abejas

```
S E W O L S V V R L B C S T
A A A G B T E B V I U S E J
Y W Y Q Y E Z R K L N C R C
A W L A T L M A A I G F B U
N C E C P J V T W N A J U U
G Q C S K Z B U A H G K K Y
T S V T E M K D N O I G S B
S A R A B E R M A N F A A T
S H H N U K J O N J T Y R Q
M A K A N A N A S A P N I G
V T R M Y R M A T A H A R I
K A F A E K O S I S T E M Q
X L U N N P E R B E D A A N
L F E I F G R A Y B U K A E
```

SAYAP   BUAH
BERMANFAAT   ASAP
LILIN   SERANGGA
SARANG   KEBUN
MAKANAN   SAYANG
PERBEDAAN   TANAMAN
EKOSISTEM   SERBUK SARI
KAWANAN   RATU
MEKAR   MATAHARI
BUNGA

1 - Ajedrez

2 - Agua

3 - Granja #2

4 - Pesca

5 - Aviones

6 - Tipos de Cabello

7 - Herramientas de Cocina

8 - Ciencia Ficción

9 - Juguetes

10 - Circo

11 - Rellenar

12 - Granja #1

13 - Camping

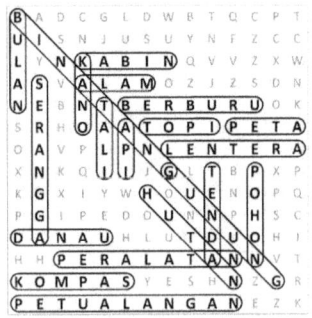

14 - Fruta

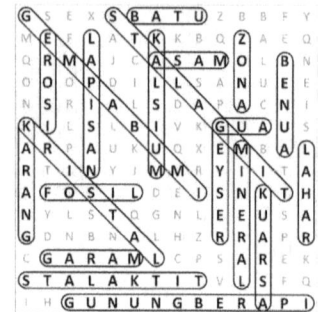

15 - Geología

16 - Plantas

17 - Suministros de Arte

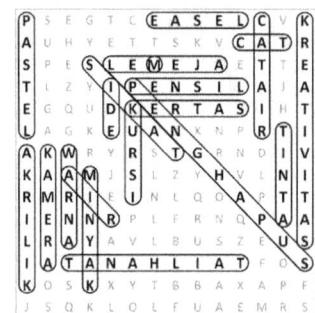

18 - Jardín

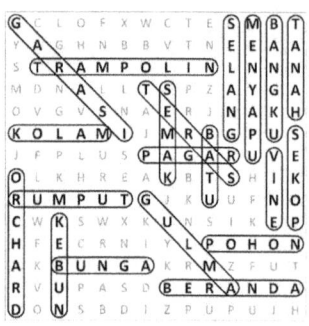

19 - Países #2

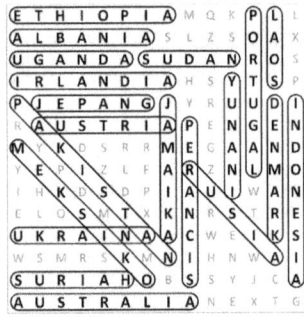

20 - Tecnología

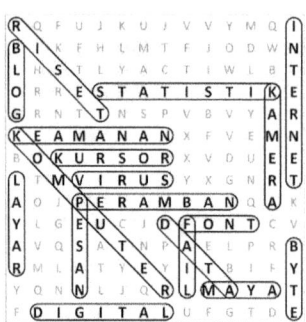

21 - Números

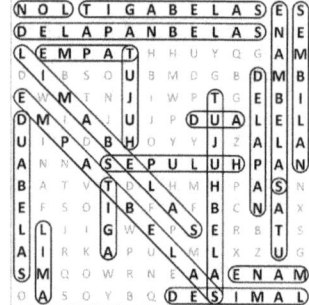

22 - Mitología

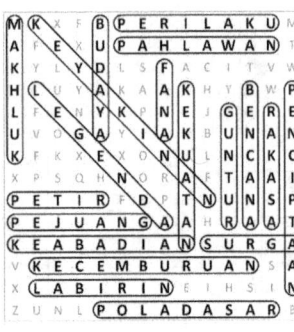

23 - Ecología

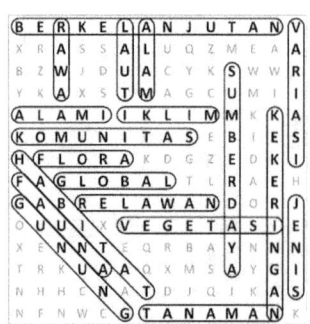

24 - Herramientas

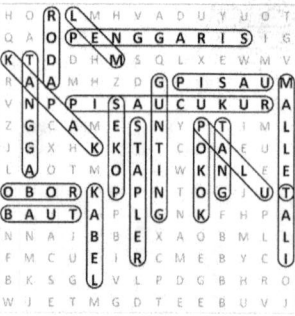

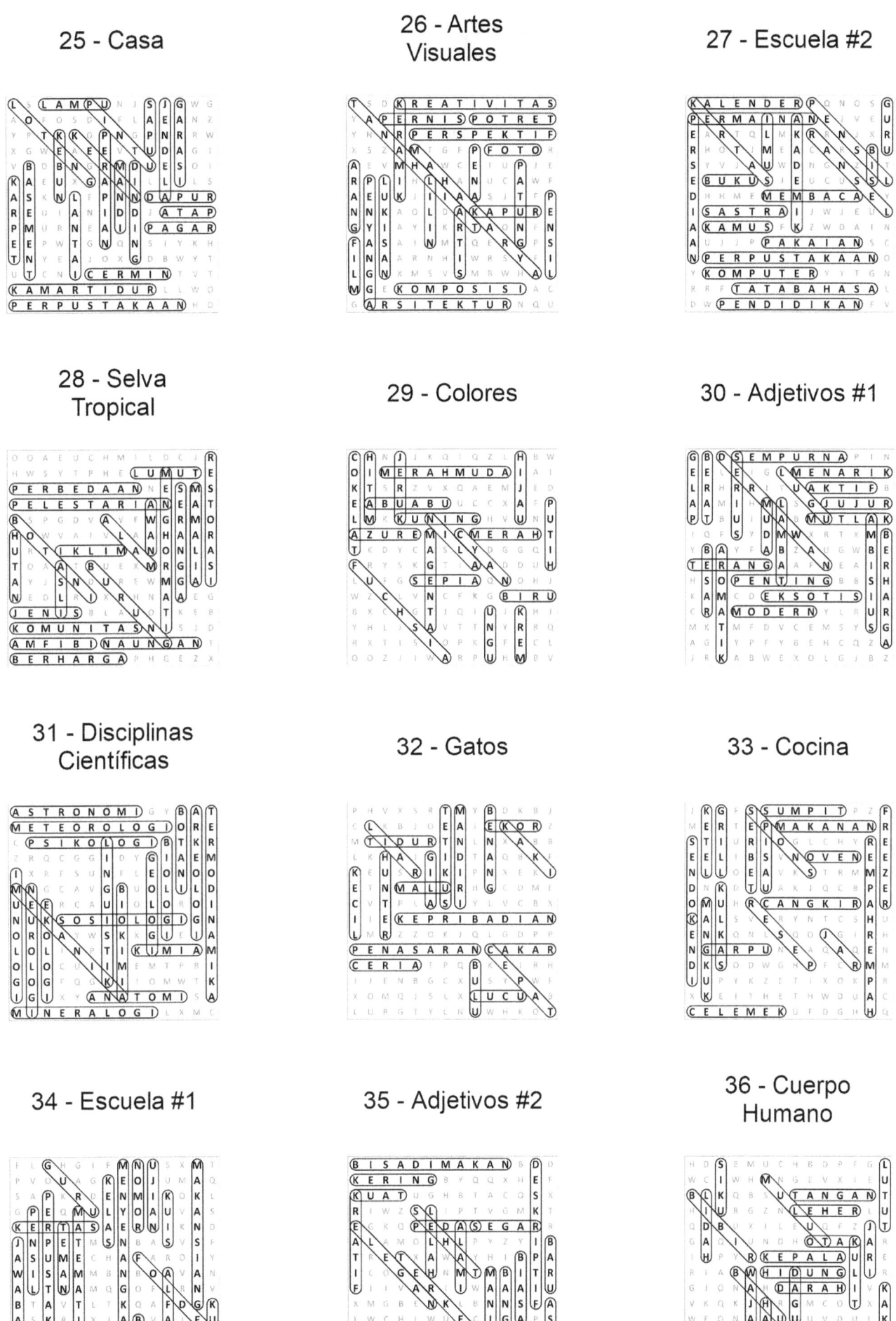

25 - Casa

26 - Artes Visuales

27 - Escuela #2

28 - Selva Tropical

29 - Colores

30 - Adjetivos #1

31 - Disciplinas Científicas

32 - Gatos

33 - Cocina

34 - Escuela #1

35 - Adjetivos #2

36 - Cuerpo Humano

37 - Ciencia

38 - Dinosaurios

39 - Restaurante #2

40 - Profesiones #1

41 - Vehículos

42 - Vacaciones #2

43 - Cumpleaños

44 - Baile

45 - Matemáticas

46 - Restaurante #1

47 - Profesiones #2

48 - Senderismo

49 - Naturaleza

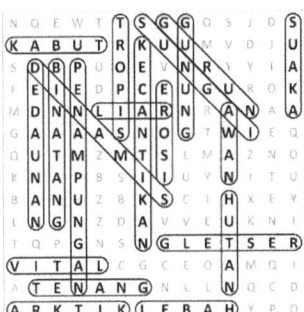

50 - Conduciendo

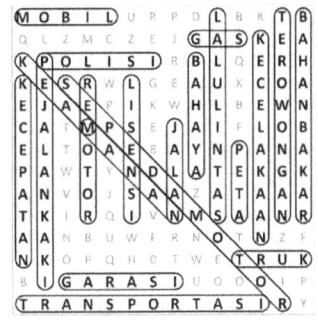

51 - Ballet

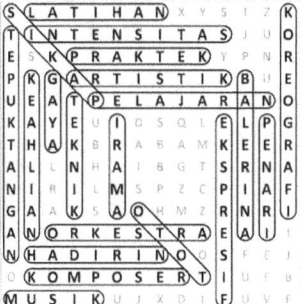

52 - Aventura

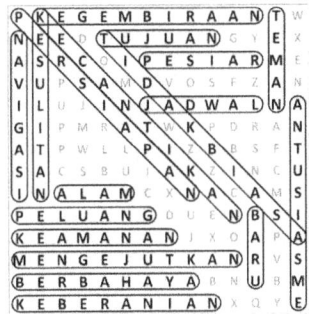

53 - Pájaros

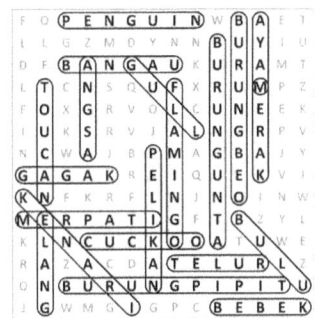

54 - Surf

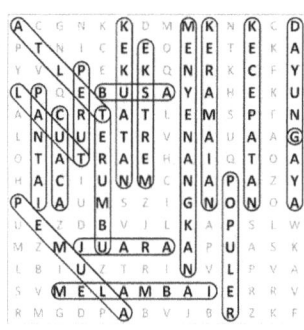

55 - Geografía

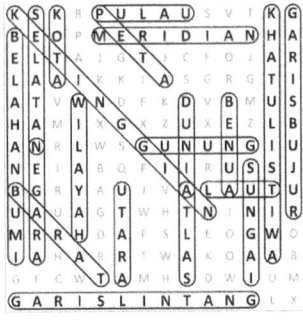

56 - Deportes

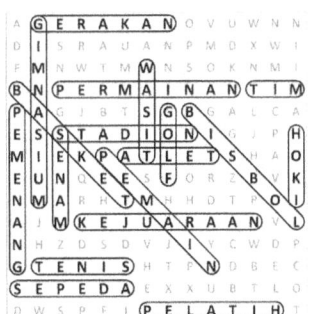

57 - Actividades

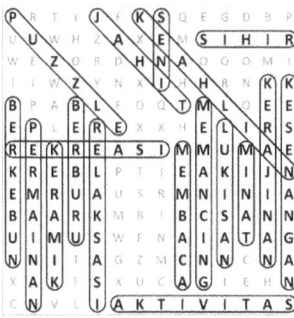

58 - Verduras

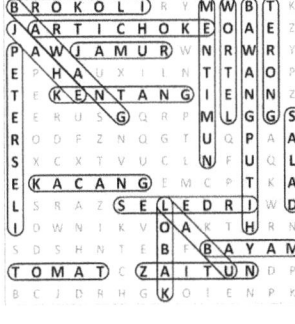

59 - Instrumentos Musicales

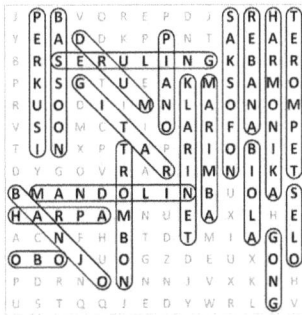

60 - Escalada

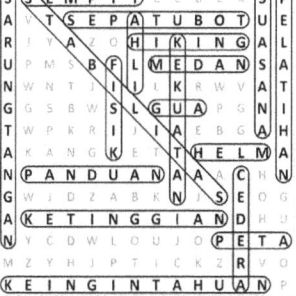

61 - Mascotas

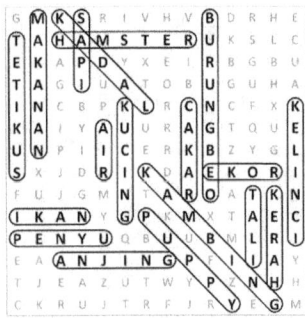

62 - Formas

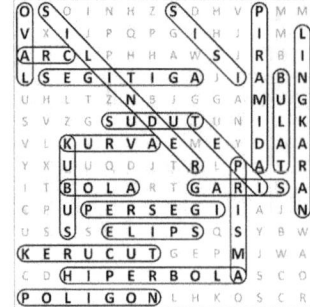

63 - Flores

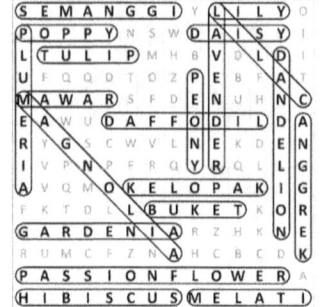

64 - Astronomía

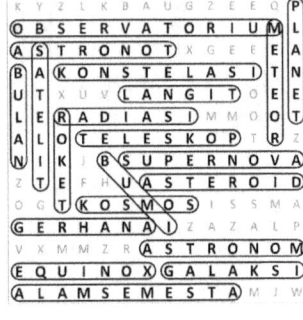

65 - Tiempo

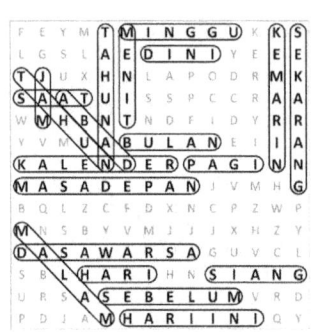

66 - Paisajes

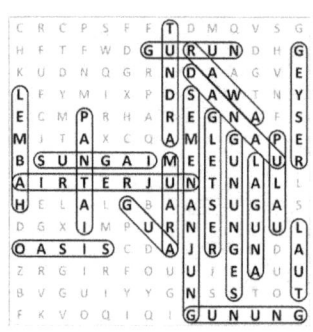

67 - Días y Meses

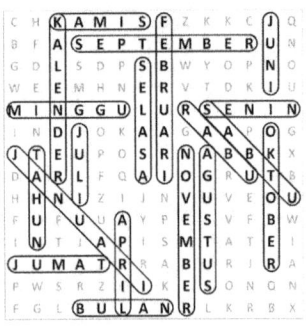

68 - Chocolate

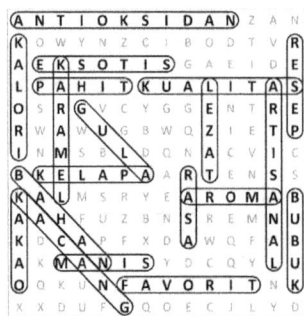

69 - Barbacoas

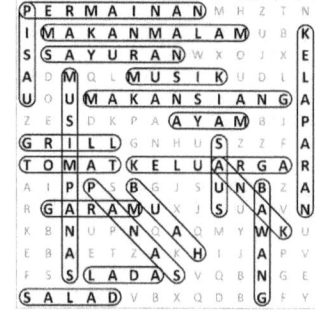

70 - Ropa

71 - Meditación

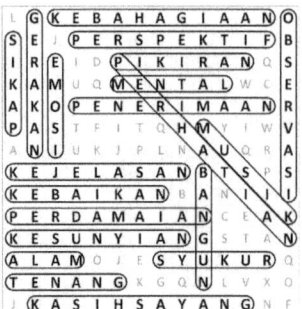

72 - Perros

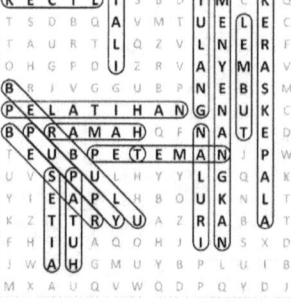

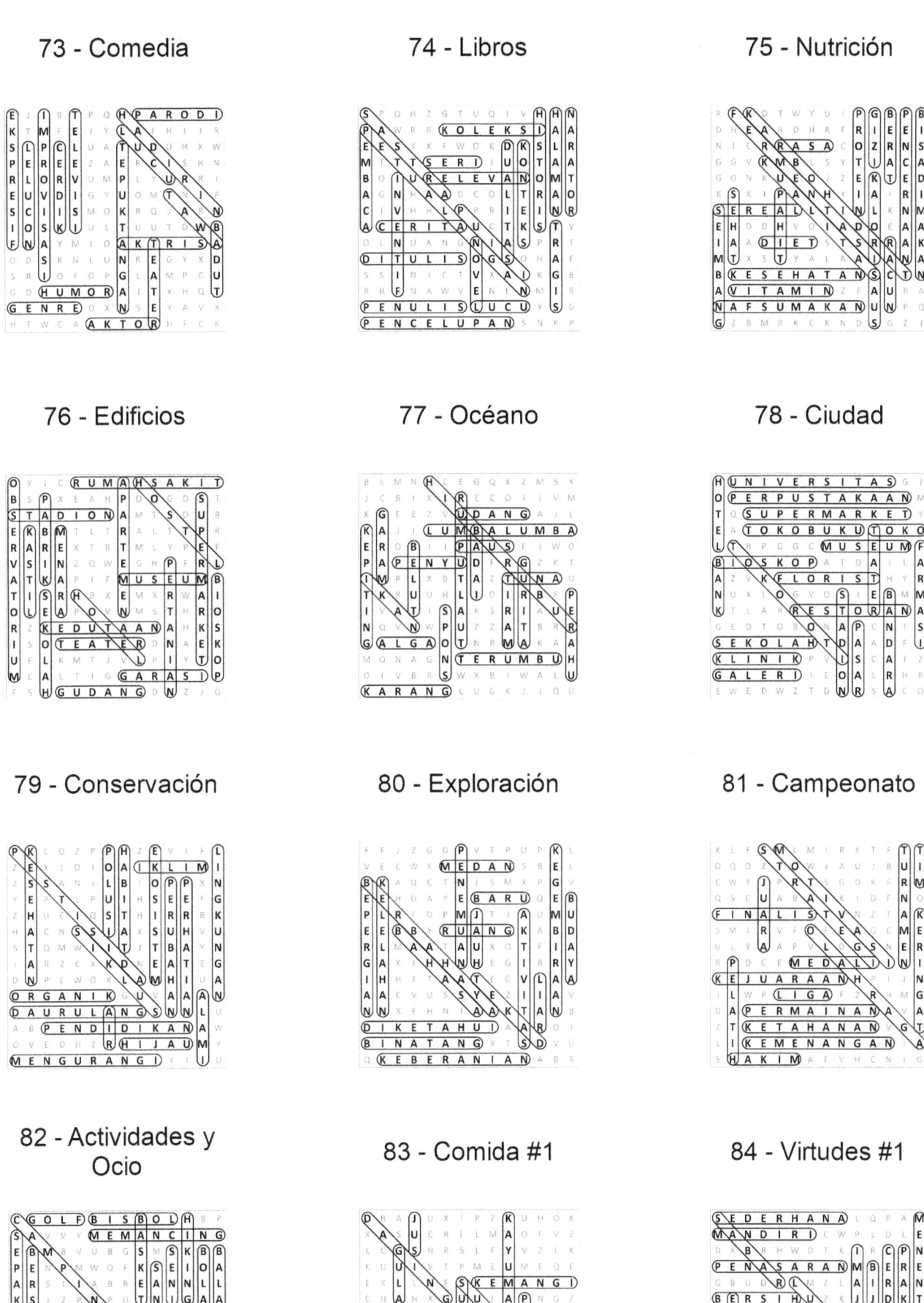

73 - Comedia

74 - Libros

75 - Nutrición

76 - Edificios

77 - Océano

78 - Ciudad

79 - Conservación

80 - Exploración

81 - Campeonato

82 - Actividades y Ocio

83 - Comida #1

84 - Virtudes #1

85 - Literatura

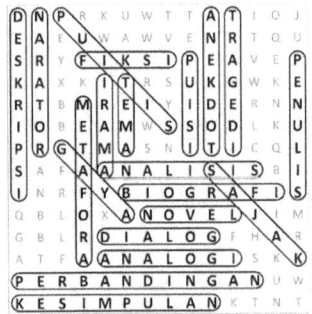

86 - Clima

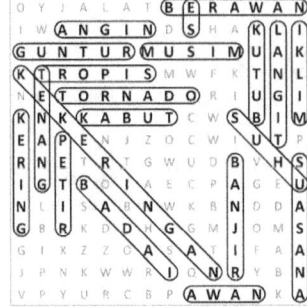

87 - Comida #2

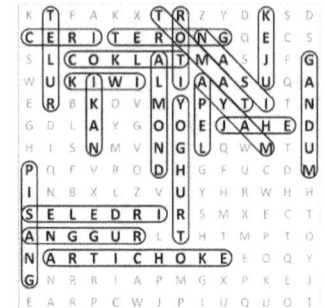

88 - Castillos

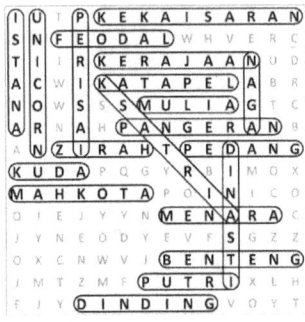

89 - Arte

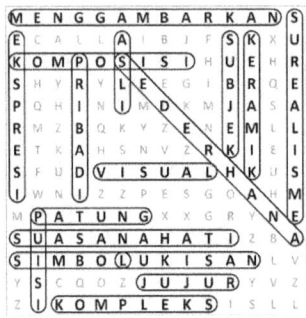

90 - Herboristería

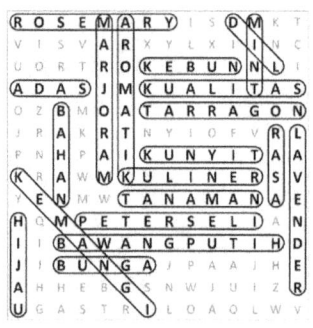

91 - Verano

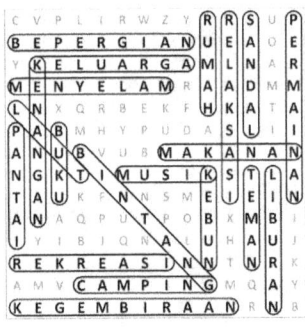

92 - Insectos

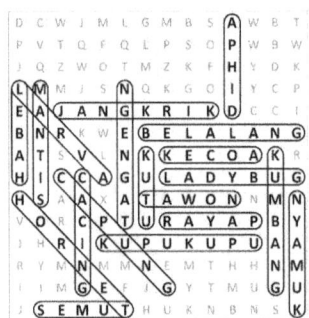

93 - Especias

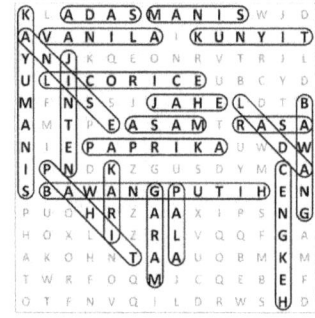

94 - Emociones

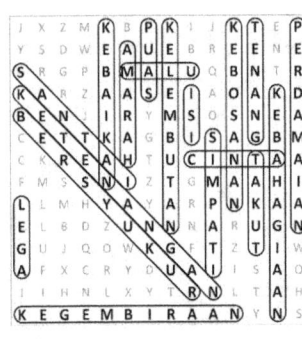

95 - Mediciones

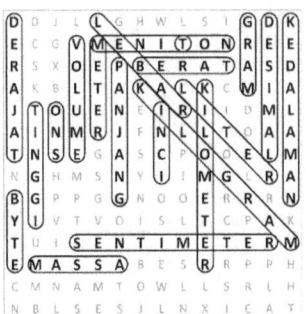

96 - Barcos

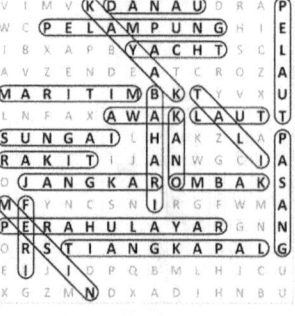

97 - Antártida

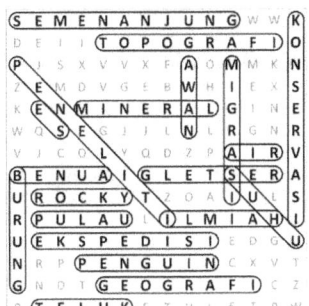

98 - Piratas

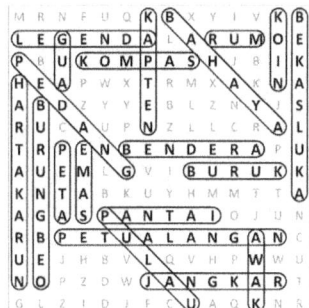

99 - Mamíferos

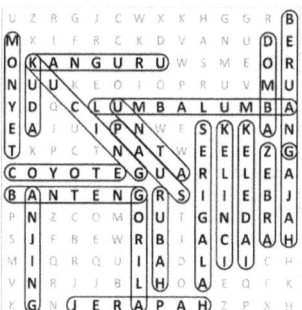

100 - Abejas

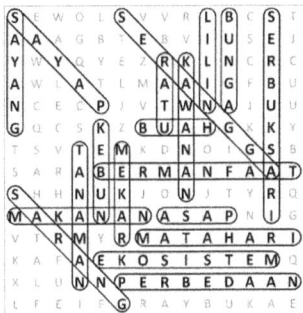

Diccionario

Abejas
Lebah

Alas	Sayap
Beneficioso	Bermanfaat
Cera	Lilin
Colmena	Sarang
Comida	Makanan
Diversidad	Perbedaan
Ecosistema	Ekosistem
Enjambre	Kawanan
Flor	Mekar
Flores	Bunga
Fruta	Buah
Humo	Asap
Insecto	Serangga
Jardín	Kebun
Miel	Sayang
Plantas	Tanaman
Polen	Serbuk Sari
Polinizador	Penyerbuk
Reina	Ratu
Sol	Matahari

Actividades
Kegiatan

Actividad	Aktivitas
Arte	Seni
Artesanía	Kerajinan
Caza	Berburu
Cerámica	Keramik
Costura	Jahit
Fotografía	Fotografi
Habilidad	Keahlian
Intereses	Minat
Jardinería	Berkebun
Juegos	Permainan
Lectura	Membaca
Magia	Sihir
Ocio	Rekreasi
Pesca	Memancing
Pintura	Lukisan
Placer	Kesenangan
Relajación	Relaksasi
Rompecabezas	Puzzle
Senderismo	Hiking

Actividades y Ocio
Aktivitas dan Kenyamanan

Arte	Seni
Baloncesto	Basket
Béisbol	Bisbol
Boxeo	Tinju
Buceo	Menyelam
Camping	Camping
Carreras	Balap
Compras	Belanja
Fútbol	Sepak Bola
Golf	Golf
Jardinería	Berkebun
Natación	Renang
Pesca	Memancing
Pintura	Lukisan
Relajante	Santai
Senderismo	Hiking
Surf	Berselancar
Tenis	Tenis
Viaje	Bepergian
Voleibol	Bola Voli

Adjetivos #1
Kata Sifat # 1

Absoluto	Mutlak
Activo	Aktif
Ambicioso	Ambisius
Aromático	Aromatik
Atractivo	Menarik
Brillante	Terang
Enorme	Besar
Exótico	Eksotis
Generoso	Dermawan
Honesto	Jujur
Importante	Penting
Inocente	Lugu
Joven	Muda
Lento	Lambat
Moderno	Modern
Oscuro	Gelap
Perfecto	Sempurna
Pesado	Berat
Serio	Serius
Valioso	Berharga

Adjetivos #2
Kata Sifat #2

Cansado	Lelah
Comestible	Bisa Dimakan
Creativo	Kreatif
Descriptivo	Deskriptif
Dramático	Dramatis
Dulce	Manis
Elegante	Elegan
Famoso	Terkenal
Fresco	Segar
Fuerte	Kuat
Interesante	Menarik
Natural	Alami
Normal	Biasa
Nuevo	Baru
Orgulloso	Bangga
Picante	Pedas
Productivo	Produktif
Salado	Asin
Saludable	Sehat
Seco	Kering

Agua
Air

Canal	Kanal
Ducha	Mandi
Evaporación	Penguapan
Géiser	Geyser
Helada	Embun Beku
Hielo	Es
Humedad	Kelembaban
Huracán	Badai
Húmedo	Lembab
Inundación	Banjir
Lago	Danau
Lluvia	Hujan
Monzón	Musim
Nieve	Salju
Océano	Laut
Olas	Gelombang
Riego	Irigasi
Río	Sungai
Vapor	Uap

Ajedrez
Catur

Blanco	Putih
Campeón	Juara
Concurso	Kontes
Diagonal	Diagonal
Estrategia	Strategi
Inteligente	Cerdik
Juego	Permainan
Jugador	Pemain
Negro	Hitam
Oponente	Lawan
Pasivo	Pasif
Puntos	Poin
Reglas	Aturan
Reina	Ratu
Rey	Raja
Sacrificio	Pengorbanan
Tiempo	Waktu
Torneo	Turnamen

Antártida
Antartika

Agua	Air
Bahía	Teluk
Científico	Ilmiah
Conservación	Konservasi
Continente	Benua
Expedición	Ekspedisi
Geografía	Geografi
Glaciares	Gletser
Hielo	Es
Investigador	Peneliti
Islas	Pulau
Migración	Migrasi
Minerales	Mineral
Nubes	Awan
Pájaros	Burung
Península	Semenanjung
Pingüinos	Penguin
Rocoso	Rocky
Temperatura	Suhu
Topografía	Topografi

Arte
Seni

Cerámica	Keramik
Complejo	Kompleks
Composición	Komposisi
Escultura	Patung
Expresión	Ekspresi
Honesto	Jujur
Humor	Suasana Hati
Inspirado	Terinspirasi
Original	Asli
Personal	Pribadi
Pinturas	Lukisan
Poesía	Puisi
Retratar	Menggambarkan
Sencillo	Sederhana
Símbolo	Simbol
Surrealismo	Surealisme
Tema	Subjek
Visual	Visual

Artes Visuales
Seni Visual

Arcilla	Tanah Liat
Arquitectura	Arsitektur
Artista	Artis
Barniz	Pernis
Caballete	Penyangga
Carbón	Arang
Cera	Lilin
Cerámica	Keramik
Composición	Komposisi
Creatividad	Kreativitas
Escultura	Patung
Fotografía	Foto
Lápiz	Pensil
Obra Maestra	Mahakarya
Película	Film
Perspectiva	Perspektif
Pintura	Lukisan
Pluma	Pena
Retrato	Potret
Tiza	Kapur

Astronomía
Astronomi

Asteroide	Asteroid
Astronauta	Astronot
Astrónomo	Astronom
Cielo	Langit
Cohete	Roket
Constelación	Konstelasi
Cosmos	Kosmos
Eclipse	Gerhana
Equinoccio	Equinox
Galaxia	Galaksi
Luna	Bulan
Meteoro	Meteor
Observatorio	Observatorium
Planeta	Planet
Radiación	Radiasi
Satélite	Satelit
Supernova	Supernova
Telescopio	Teleskop
Tierra	Bumi
Universo	Alam Semesta

Aventura
Petualangan

Actividad	Aktivitas
Alegría	Kegembiraan
Amigos	Teman
Belleza	Kecantikan
Destino	Tujuan
Dificultad	Kesulitan
Entusiasmo	Antusiasme
Excursión	Pesiar
Inusual	Tidak Biasa
Itinerario	Jadwal
Naturaleza	Alam
Navegación	Navigasi
Nuevo	Baru
Oportunidad	Peluang
Peligroso	Berbahaya
Preparación	Persiapan
Seguridad	Keamanan
Sorprendente	Mengejutkan
Valentía	Keberanian
Viajes	Perjalanan

Aviones
Pesawat Terbang

Aire	Udara
Altitud	Ketinggian
Altura	Tinggi
Aterrizaje	Pendaratan
Atmósfera	Suasana
Aventura	Petualangan
Cielo	Langit
Combustible	Bahan Bakar
Construcción	Konstruksi
Dirección	Arah
Diseño	Desain
Globo	Balon
Hélices	Baling-Baling
Hidrógeno	Hidrogen
Historia	Sejarah
Motor	Mesin
Pasajero	Penumpang
Piloto	Pilot
Tripulación	Awak
Turbulencia	Turbulensi

Baile
Menari

Academia	Akademi
Arte	Seni
Clásico	Klasik
Coreografía	Koreografi
Cuerpo	Tubuh
Cultura	Budaya
Cultural	Kultural
Emoción	Emosi
Ensayo	Latihan
Expresivo	Ekspresif
Gracia	Rahmat
Movimiento	Gerakan
Música	Musik
Postura	Sikap
Ritmo	Irama
Saltar	Melompat
Socio	Mitra
Tradicional	Tradisional
Visual	Visual

Ballet
Balet

Aplauso	Tepuk Tangan
Artístico	Artistik
Audiencia	Hadirin
Bailarina	Balerina
Bailarines	Penari
Compositor	Komposer
Coreografía	Koreografi
Ensayo	Latihan
Estilo	Gaya
Expresivo	Ekspresif
Gesto	Sikap
Habilidad	Keahlian
Intensidad	Intensitas
Lecciones	Pelajaran
Músculos	Otot
Música	Musik
Orquesta	Orkestra
Práctica	Praktek
Ritmo	Irama
Técnica	Teknik

Barbacoas
Barbekyu

Almuerzo	Makan Siang
Caliente	Panas
Cebollas	Bawang
Cena	Makan Malam
Cuchillos	Pisau
Ensaladas	Salad
Familia	Keluarga
Fruta	Buah
Hambre	Kelaparan
Juegos	Permainan
Música	Musik
Niños	Anak
Parrilla	Grill
Pimienta	Lada
Pollo	Ayam
Sal	Garam
Salsa	Saus
Tomates	Tomat
Verano	Musim Panas
Verduras	Sayuran

Barcos
Perahu

Ancla	Jangkar
Balsa	Rakit
Boya	Pelampung
Canoa	Kano
Cuerda	Tali
Ferry	Feri
Kayak	Kayak
Lago	Danau
Mar	Laut
Marea	Pasang
Marinero	Pelaut
Marítimo	Maritim
Mástil	Tiang Kapal
Motor	Mesin
Náutico	Bahari
Olas	Ombak
Río	Sungai
Tripulación	Awak
Velero	Perahu Layar
Yate	Yacht

Campeonato
Kejuaraan

Campeonato	Kejuaraan
Campeón	Juara
Deportes	Olahraga
Entrenador	Pelatih
Equipo	Tim
Estrategia	Strategi
Finalista	Finalis
Juegos	Permainan
Juez	Hakim
Liga	Liga
Medalla	Medali
Motivación	Motivasi
Resistencia	Ketahanan
Torneo	Turnamen
Transpiración	Keringat
Victoria	Kemenangan

Camping
Berkemah

Animales	Binatang
Aventura	Petualangan
Árboles	Pohon
Bosque	Hutan
Brújula	Kompas
Cabina	Kabin
Canoa	Kano
Carpa	Tenda
Caza	Berburu
Cuerda	Tali
Equipo	Peralatan
Fuego	Api
Insecto	Serangga
Lago	Danau
Linterna	Lentera
Luna	Bulan
Mapa	Peta
Montaña	Gunung
Naturaleza	Alam
Sombrero	Topi

Casa
Rumah

Alfombra	Karpet
Ático	Loteng
Biblioteca	Perpustakaan
Chimenea	Perapian
Cocina	Dapur
Dormitorio	Kamar Tidur
Ducha	Mandi
Escoba	Sapu
Espejo	Cermin
Garaje	Garasi
Grifo	Keran
Jardín	Kebun
Lámpara	Lampu
Pared	Dinding
Piso	Lantai
Puerta	Pintu
Sótano	Basement
Techo	Atap
Valla	Pagar
Ventana	Jendela

Castillos
Kastil

Armadura	Zirah
Caballero	Ksatria
Caballo	Kuda
Catapulta	Katapel
Corona	Mahkota
Dinastía	Dinasti
Dragón	Naga
Escudo	Perisai
Espada	Pedang
Feudal	Feodal
Fortaleza	Benteng
Imperio	Kekaisaran
Noble	Mulia
Palacio	Istana
Pared	Dinding
Princesa	Putri
Príncipe	Pangeran
Reino	Kerajaan
Torre	Menara
Unicornio	Unicorn

Chocolate
Cokelat

Amargo	Pahit
Antioxidante	Antioksidan
Aroma	Aroma
Artesanal	Artisanal
Azúcar	Gula
Cacahuetes	Kacang
Cacao	Kakao
Calidad	Kualitas
Calorías	Kalori
Caramelo	Karamel
Coco	Kelapa
Delicioso	Lezat
Dulce	Manis
Exótico	Eksotis
Favorito	Favorit
Gusto	Rasa
Ingrediente	Bahan
Polvo	Bubuk
Receta	Resep

Ciencia
Sains

Átomo	Atom
Científico	Ilmuwan
Clima	Iklim
Datos	Data
Evolución	Evolusi
Experimento	Percobaan
Física	Fisika
Fósil	Fosil
Gravedad	Gravitasi
Hecho	Fakta
Hipótesis	Hipotesis
Laboratorio	Laboratorium
Método	Metode
Minerales	Mineral
Moléculas	Molekul
Naturaleza	Alam
Organismo	Organisme
Partículas	Partikel
Plantas	Tanaman
Químico	Bahan Kimia

Ciencia Ficción
Fiksi Ilmiah

Atómico	Atom
Cine	Bioskop
Distante	Jauh
Explosión	Ledakan
Extremo	Ekstrem
Fantástico	Fantastis
Fuego	Api
Futurista	Futuristik
Galaxia	Galaksi
Ilusión	Ilusi
Imaginario	Imajiner
Libros	Buku
Misterioso	Gaib
Mundo	Dunia
Oráculo	Oracle
Planeta	Planet
Realista	Realistis
Robots	Robot
Tecnología	Teknologi
Utopía	Utopia

Circo
Sirkus

Acróbata	Akrobat
Animales	Binatang
Billete	Tiket
Caramelo	Permen
Carpa	Tenda
Desfile	Parade
Elefante	Gajah
Entretener	Menghibur
Espectacular	Spektakuler
Espectador	Penonton
Globos	Balon
León	Singa
Magia	Sihir
Mago	Pesulap
Malabarista	Juggler
Mono	Monyet
Música	Musik
Payaso	Badut
Tigre	Harimau
Traje	Kostum

Ciudad
Kota

Aeropuerto	Bandara
Banco	Bank
Biblioteca	Perpustakaan
Cine	Bioskop
Clínica	Klinik
Escuela	Sekolah
Estadio	Stadion
Farmacia	Farmasi
Florista	Florist
Galería	Galeri
Hotel	Hotel
Librería	Toko Buku
Mercado	Pasar
Museo	Museum
Panadería	Toko Roti
Restaurante	Restoran
Supermercado	Supermarket
Teatro	Teater
Tienda	Toko
Universidad	Universitas

Clima
Cuaca

Atmósfera	Suasana
Calma	Tenang
Cielo	Langit
Clima	Iklim
Hielo	Es
Inundación	Banjir
Monzón	Musim
Niebla	Kabut
Nube	Awan
Nublado	Berawan
Polar	Kutub
Rayo	Petir
Seco	Kering
Sequía	Kekeringan
Temperatura	Suhu
Tormenta	Badai
Tornado	Tornado
Tropical	Tropis
Trueno	Guntur
Viento	Angin

Cocina
Kitchen

Caldera	Ketel
Comida	Makanan
Congelador	Freezer
Cucharas	Sendok
Cuchillos	Pisau
Delantal	Celemek
Especias	Rempah-Rempah
Esponja	Spons
Horno	Oven
Jarra	Kendi
Palillos	Sumpit
Parrilla	Grill
Receta	Resep
Refrigerador	Kulkas
Servilleta	Serbet
Tarro	Jar
Tazas	Cangkir
Tazón	Mangkuk
Tenedores	Garpu

Colores
Colors

Amarillo	Kuning
Azul	Biru
Azur	Azure
Beige	Krem
Blanco	Putih
Cian	Cyan
Fucsia	Fuchsia
Gris	Abu-Abu
Índigo	Nila
Magenta	Magenta
Marrón	Cokelat
Naranja	Jeruk
Negro	Hitam
Púrpura	Ungu
Rojo	Merah
Rosa	Merah Muda
Sepia	Sepia
Verde	Hijau

Comedia
Komedi

Actor	Aktor
Actriz	Aktris
Aplauso	Tepuk Tangan
Audiencia	Hadirin
Chistes	Lelucon
Diversión	Menyenangkan
Expresivo	Ekspresif
Género	Genre
Gracioso	Lucu
Humor	Humor
Improvisación	Improvisasi
Inteligente	Cerdik
Parodia	Parodi
Payasos	Badut
Risa	Tawa
Teatro	Teater
Televisión	Televisi

Comida #1
Makanan # 1

Ajo	Bawang Putih
Albahaca	Kemangi
Atún	Tuna
Azúcar	Gula
Canela	Kayu Manis
Carne	Daging
Cebada	Jelai
Cebolla	Bawang
Ensalada	Salad
Espinacas	Bayam
Fresa	Stroberi
Jugo	Jus
Leche	Susu
Limón	Lemon
Menta	Mint
Nabo	Lobak
Pera	Pir
Sal	Garam
Sopa	Sup
Zanahoria	Wortel

Comida #2
Makanan # 2

Alcachofa	Artichoke
Almendra	Almond
Apio	Seledri
Arroz	Nasi
Berenjena	Terong
Cereza	Ceri
Chocolate	Coklat
Huevo	Telur
Jengibre	Jahe
Kiwi	Kiwi
Manzana	Apel
Pan	Roti
Pescado	Ikan
Plátano	Pisang
Pollo	Ayam
Queso	Keju
Tomate	Tomat
Trigo	Gandum
Uva	Anggur
Yogur	Yoghurt

Conduciendo
Mengemudi

Accidente	Kecelakaan
Calle	Jalan
Camión	Truk
Coche	Mobil
Combustible	Bahan Bakar
Frenos	Rem
Garaje	Garasi
Gas	Gas
Licencia	Lisensi
Mapa	Peta
Motocicleta	Sepeda Motor
Motor	Motor
Peatonal	Pejalan Kaki
Peligro	Bahaya
Policía	Polisi
Seguridad	Keamanan
Transporte	Transportasi
Tráfico	Lalu Lintas
Túnel	Terowongan
Velocidad	Kecepatan

Conservación
Konservasi

Agua	Air
Ambiental	Lingkungan
Cambios	Perubahan
Ciclo	Siklus
Clima	Iklim
Contaminación	Polusi
Ecosistema	Ekosistem
Educación	Pendidikan
Hábitat	Habitat
Natural	Alami
Orgánico	Organik
Pesticida	Pestisida
Preocupación	Perhatian
Reciclar	Daur Ulang
Reducir	Mengurangi
Salud	Kesehatan
Sostenible	Berkelanjutan
Verde	Hijau
Voluntario	Sukarelawan

Cuerpo Humano
Tubuh Manusia

Barbilla	Dagu
Boca	Mulut
Cabeza	Kepala
Cara	Wajah
Cerebro	Otak
Codo	Siku
Corazón	Hati
Cuello	Leher
Dedo	Jari
Hombro	Bahu
Labios	Bibir
Lengua	Lidah
Mano	Tangan
Nariz	Hidung
Ojo	Mata
Oreja	Telinga
Piel	Kulit
Pierna	Kaki
Rodilla	Lutut
Sangre	Darah

Cumpleaños
Hari Ulang Tahun

Amigos	Teman
Año	Tahun
Calendario	Kalender
Canción	Lagu
Celebración	Perayaan
Diversión	Menyenangkan
Día	Hari
Especial	Khusus
Feliz	Senang
Invitaciones	Undangan
Joven	Muda
Nacer	Lahir
Partido	Pesta
Pastel	Kue
Recuerdos	Kenangan
Regalo	Hadiah
Sabiduría	Kebijaksanaan
Tarjetas	Kartu
Tiempo	Waktu
Velas	Lilin

Deportes
Olahraga

Atleta	Atlet
Árbitro	Wasit
Baloncesto	Basket
Béisbol	Bisbol
Bicicleta	Sepeda
Campeonato	Kejuaraan
Entrenador	Pelatih
Equipo	Tim
Estadio	Stadion
Ganador	Pemenang
Gimnasia	Senam
Gimnasio	Gimnasium
Golf	Golf
Hockey	Hoki
Juego	Permainan
Jugador	Pemain
Movimiento	Gerakan
Tenis	Tenis

Dinosaurios
Dinosaurus

Alas	Sayap
Carnívoro	Karnivora
Cola	Ekor
Desaparición	Hilangnya
Especie	Jenis
Evolución	Evolusi
Fósiles	Fosil
Grande	Besar
Herbívoro	Herbivora
Mamut	Mammoth
Omnívoro	Omnivora
Poderoso	Kuat
Prehistórico	Prasejarah
Presa	Mangsa
Raptor	Raptor
Reptil	Reptil
Tamaño	Ukuran
Tierra	Bumi
Vicioso	Setan

Disciplinas Científicas
Disiplin Ilmiah

Anatomía	Anatomi
Arqueología	Arkeologi
Astronomía	Astronomi
Biología	Biologi
Bioquímica	Biokimia
Botánica	Botani
Ecología	Ekologi
Fisiología	Fisiologi
Geología	Geologi
Inmunología	Imunologi
Lingüística	Linguistik
Mecánica	Mekanika
Meteorología	Meteorologi
Mineralogía	Mineralogi
Neurología	Neurologi
Psicología	Psikologi
Química	Kimia
Sociología	Sosiologi
Termodinámica	Termodinamika
Zoología	Zoologi

Días y Meses
Hari dan Bulan

Abril	April
Agosto	Agustus
Año	Tahun
Calendario	Kalender
Diciembre	Desember
Domingo	Minggu
Enero	Januari
Febrero	Februari
Jueves	Kamis
Julio	Juli
Junio	Juni
Lunes	Senin
Martes	Selasa
Mes	Bulan
Miércoles	Rabu
Noviembre	November
Octubre	Oktober
Sábado	Sabtu
Septiembre	September
Viernes	Jumat

Ecología
Ekologi

Clima	Iklim
Comunidades	Komunitas
Diversidad	Perbedaan
Especie	Jenis
Fauna	Fauna
Flora	Flora
Global	Global
Hábitat	Habitat
Marino	Laut
Montañas	Gunung
Natural	Alami
Naturaleza	Alam
Pantano	Rawa
Plantas	Tanaman
Recursos	Sumber Daya
Sequía	Kekeringan
Sostenible	Berkelanjutan
Variedad	Variasi
Vegetación	Vegetasi
Voluntarios	Relawan

Edificios
Bangunan

Albergue	Hostel
Apartamento	Apartemen
Castillo	Kastil
Cine	Bioskop
Embajada	Kedutaan
Escuela	Sekolah
Estadio	Stadion
Fábrica	Pabrik
Garaje	Garasi
Granero	Gudang
Granja	Pertanian
Hospital	Rumah Sakit
Hotel	Hotel
Laboratorio	Laboratorium
Museo	Museum
Observatorio	Observatorium
Supermercado	Supermarket
Teatro	Teater
Torre	Menara
Universidad	Universitas

Emociones
Emosi

Aburrimiento	Kebosanan
Agradecido	Bersyukur
Alegría	Kegembiraan
Alivio	Lega
Amor	Cinta
Avergonzado	Malu
Beatitud	Kebahagiaan
Bondad	Kebaikan
Calma	Tenang
Contenido	Isi
Ira	Amarah
Miedo	Takut
Paz	Perdamaian
Relajado	Santai
Satisfecho	Puas
Simpatía	Simpati
Ternura	Kelembutan
Tranquilidad	Ketenangan
Tristeza	Kesedihan

Escalada
Pendakian

Altitud	Ketinggian
Atmósfera	Suasana
Botas	Sepatu Bot
Casco	Helm
Cueva	Gua
Curiosidad	Keingintahuan
Estabilidad	Stabilitas
Estrecho	Sempit
Experto	Ahli
Físico	Fisik
Formación	Pelatihan
Fuerza	Kekuatan
Guantes	Sarung Tangan
Guías	Panduan
Lesión	Cedera
Mapa	Peta
Senderismo	Hiking
Terreno	Medan

Escuela #1
Sekolah # 1

Alfabeto	Alfabet
Almuerzo	Makan Siang
Amigos	Teman
Aula	Kelas
Biblioteca	Perpustakaan
Carpetas	Folder
Diversión	Menyenangkan
Examen	Kuis
Exámenes	Ujian
Lápiz	Pensil
Libros	Buku
Matemática	Matematika
Números	Nomor
Papel	Kertas
Plumas	Pena
Profesor	Guru
Respuestas	Jawaban
Silla	Kursi

Escuela #2
Sekolah # 2

Académico	Akademik
Autobús	Bis
Biblioteca	Perpustakaan
Calendario	Kalender
Ciencia	Ilmu
Diccionario	Kamus
Educación	Pendidikan
Gramática	Tata Bahasa
Juegos	Permainan
Lápiz	Pensil
Lectura	Membaca
Libros	Buku
Literatura	Sastra
Mochila	Ransel
Ordenador	Komputer
Papel	Kertas
Profesor	Guru
Ropa	Pakaian
Suministros	Persediaan
Tijeras	Gunting

Especias
Rempah-Rempah

Agrio	Asam
Ajo	Bawang Putih
Amargo	Pahit
Anís	Anise
Azafrán	Kunyit
Canela	Kayu Manis
Cebolla	Bawang
Clavo	Cengkeh
Comino	Jinten
Curry	Kari
Dulce	Manis
Hinojo	Adas
Jengibre	Jahe
Nuez Moscada	Pala
Pimentón	Paprika
Pimienta	Lada
Regaliz	Licorice
Sabor	Rasa
Sal	Garam
Vainilla	Vanila

Exploración
Eksplorasi

Actividad	Aktivitas
Agotamiento	Kelelahan
Animales	Binatang
Coraje	Keberanian
Culturas	Budaya
Desconocido	Diketahui
Descubrimiento	Penemuan
Determinación	Tekad
Distante	Jauh
Emoción	Kegembiraan
Espacio	Ruang
Idioma	Bahasa
Nuevo	Baru
Peligroso	Berbahaya
Salvaje	Liar
Terreno	Medan
Viaje	Bepergian

Flores
Bunga-Bunga

Amapola	Poppy
Diente de León	Dandelion
Gardenia	Gardenia
Hibisco	Hibiscus
Jazmín	Melati
Lavanda	Lavender
Lila	Lilac
Lirio	Lily
Magnolia	Magnolia
Margarita	Daisy
Narciso	Daffodil
Orquídea	Anggrek
Pasionaria	Passionflower
Peonía	Peony
Pétalo	Kelopak
Plumeria	Plumeria
Ramo	Buket
Rosa	Mawar
Trébol	Semanggi
Tulipán	Tulip

Formas
Bentuk

Arco	Arc
Bordes	Tepi
Cilindro	Silinder
Círculo	Lingkaran
Cono	Kerucut
Cuadrado	Persegi
Cubo	Kubus
Curva	Kurva
Elipse	Elips
Esfera	Bola
Esquina	Sudut
Hipérbola	Hiperbola
Lado	Sisi
Línea	Garis
Oval	Oval
Pirámide	Piramida
Polígono	Poligon
Prisma	Prisma
Ronda	Bulat
Triángulo	Segitiga

Fruta
Buah

Aguacate	Alpukat
Albaricoque	Aprikot
Baya	Berry
Cereza	Ceri
Coco	Kelapa
Frambuesa	Raspberry
Guayaba	Jambu
Kiwi	Kiwi
Limón	Lemon
Mango	Mangga
Manzana	Apel
Melocotón	Persik
Melón	Melon
Naranja	Jeruk
Nectarina	Nectarine
Papaya	Pepaya
Pera	Pir
Piña	Nanas
Plátano	Pisang
Uva	Anggur

Gatos
Kucing

Cazador	Hunter
Cola	Ekor
Curioso	Penasaran
Dormir	Tidur
Garra	Cakar
Gracioso	Lucu
Hilo	Benang
Independiente	Mandiri
Juguetón	Ceria
Loco	Gila
Pata	Kaki
Personalidad	Kepribadian
Piel	Bulu
Poco	Kecil
Ratón	Tetikus
Rápido	Cepat
Salvaje	Liar
Tímido	Malu

Geografía
Geografi

Altitud	Ketinggian
Atlas	Atlas
Ciudad	Kota
Continente	Benua
Ecuador	Khatulistiwa
Hemisferio	Belahan Bumi
Isla	Pulau
Latitud	Garis Lintang
Longitud	Garis Bujur
Mapa	Peta
Mar	Laut
Meridiano	Meridian
Montaña	Gunung
Mundo	Dunia
Norte	Utara
Oeste	Barat
País	Negara
Río	Sungai
Sur	Selatan
Territorio	Wilayah

Geología
Geologi

Ácido	Asam
Calcio	Kalsium
Capa	Lapisan
Caverna	Gua
Continente	Benua
Coral	Karang
Cristales	Kristal
Cuarzo	Kuarsa
Erosión	Erosi
Estalactita	Stalaktit
Estalagmitas	Stalagmit
Fósil	Fosil
Géiser	Geyser
Lava	Lahar
Minerales	Mineral
Piedra	Batu
Sal	Garam
Terremoto	Gempa Bumi
Volcán	Gunung Berapi
Zona	Zona

Granja #1
Peternakan #1

Abeja	Lebah
Agricultura	Pertanian
Agua	Air
Arroz	Nasi
Burro	Keledai
Caballo	Kuda
Cabra	Kambing
Campo	Bidang
Cuervo	Gagak
Fertilizante	Pupuk
Gato	Kucing
Heno	Jerami
Miel	Sayang
Perro	Anjing
Pollo	Ayam
Semillas	Benih
Ternero	Betis
Tierra	Tanah
Vaca	Sapi
Valla	Pagar

Granja #2
Peternakan #2

Agricultor	Petani
Animales	Binatang
Cebada	Jelai
Colmena	Beehive
Comida	Makanan
Fruta	Buah
Granero	Gudang
Huerto	Orchard
Leche	Susu
Llama	Llama
Maduro	Matang
Maíz	Jagung
Oveja	Domba
Pastor	Gembala
Pato	Bebek
Prado	Padang Rumput
Riego	Irigasi
Tractor	Traktor
Trigo	Gandum
Vegetal	Sayur-Mayur

Herboristería
Herbalisme

Ajo	Bawang Putih
Albahaca	Kemangi
Aromático	Aromatik
Azafrán	Kunyit
Calidad	Kualitas
Culinario	Kuliner
Eneldo	Dil
Estragón	Tarragon
Flor	Bunga
Hinojo	Adas
Ingrediente	Bahan
Jardín	Kebun
Lavanda	Lavender
Mejorana	Marjoram
Menta	Mint
Perejil	Peterseli
Planta	Tanaman
Romero	Rosemary
Sabor	Rasa
Verde	Hijau

Herramientas
Peralatan

Alicates	Tang
Antorcha	Obor
Cable	Kabel
Cuchillo	Pisau
Cuerda	Tali
Escalera	Tangga
Grapa	Pokok
Grapadora	Stapler
Hacha	Kapak
Martillo	Palu
Mazo	Mallet
Navaja	Pisau Cukur
Pala	Sekop
Pegamento	Lem
Regla	Penggaris
Rueda	Roda
Tijeras	Gunting
Tornillo	Baut

Herramientas de Cocina
Alat Memasak

Batidora	Blender
Caldera	Ketel
Colador	Saringan
Cubertería	Alat Makan
Cuchara	Sendok
Cuchillo	Pisau
Espátula	Sudip
Estufa	Kompor
Exprimidor	Juicer
Horno	Oven
Rallador	Parutan
Refrigerador	Kulkas
Tapa	Tutup
Tenedor	Garpu
Termómetro	Termometer
Tijeras	Gunting

Insectos
Serangga

Abeja	Lebah
Avispa	Tawon
Avispón	Hornet
Áfido	Aphid
Cigarra	Jangkrik
Cucaracha	Kecoa
Escarabajo	Kumbang
Gusano	Cacing
Hormiga	Semut
Larva	Larva
Libélula	Capung
Mantis	Mantis
Mariposa	Kupu-Kupu
Mariquita	Ladybug
Mosquito	Nyamuk
Polilla	Ngengat
Pulga	Kutu
Saltamontes	Belalang
Termita	Rayap

Instrumentos Musicales
Instrumen Musik

Armónica	Harmonika
Arpa	Harpa
Banjo	Banjo
Clarinete	Klarinet
Fagot	Bassoon
Flauta	Seruling
Gong	Gong
Guitarra	Gitar
Mandolina	Mandolin
Marimba	Marimba
Oboe	Obo
Pandereta	Rebana
Percusión	Perkusi
Piano	Piano
Saxofón	Saksofon
Tambor	Drum
Trombón	Trombon
Trompeta	Terompet
Violín	Biola
Violonchelo	Selo

Jardín
Taman

Arbusto	Semak
Árbol	Pohon
Banco	Bangku
Estanque	Kolam
Flor	Bunga
Garaje	Garasi
Hierba	Rumput
Huerto	Orchard
Jardín	Kebun
Malezas	Gulma
Manguera	Selang
Pala	Sekop
Porche	Beranda
Rastrillo	Menyapu
Rocas	Batu
Suelo	Tanah
Terraza	Teras
Trampolín	Trampolin
Valla	Pagar
Vid	Vine

Juguetes
Mainan

Ajedrez	Catur
Arcilla	Tanah Liat
Artesanía	Kerajinan
Avión	Pesawat
Barco	Perahu
Bicicleta	Sepeda
Bola	Bola
Camión	Truk
Coche	Mobil
Cometa	Layang-Layang
Favorito	Favorit
Imaginación	Imajinasi
Juegos	Permainan
Libros	Buku
Muñeca	Boneka
Pinturas	Cat
Robot	Robot
Rompecabezas	Teka-Teki
Tambores	Drum
Tren	Kereta

Libros
Buku-Buku

Autor	Penulis
Aventura	Petualangan
Colección	Koleksi
Contexto	Konteks
Dualidad	Dualitas
Escrito	Ditulis
Historia	Cerita
Histórico	Historis
Humorístico	Lucu
Inmersión	Pencelupan
Inventivo	Inventif
Lector	Pembaca
Literario	Sastra
Narrador	Narator
Novela	Novel
Página	Halaman
Pertinente	Relevan
Poesía	Puisi
Serie	Seri
Trágico	Tragis

Literatura
Literatur

Analogía	Analogi
Análisis	Analisis
Anécdota	Anekdot
Autor	Penulis
Biografía	Biografi
Comparación	Perbandingan
Conclusión	Kesimpulan
Descripción	Deskripsi
Diálogo	Dialog
Estilo	Gaya
Ficción	Fiksi
Metáfora	Metafora
Narrador	Narator
Novela	Novel
Poema	Puisi
Poético	Puitis
Rima	Sajak
Ritmo	Irama
Tema	Tema
Tragedia	Tragedi

Mamíferos
Mamalia

Ballena	Paus
Burro	Keledai
Caballo	Kuda
Camello	Unta
Canguro	Kanguru
Cebra	Zebra
Conejo	Kelinci
Coyote	Coyote
Delfín	Lumba-Lumba
Elefante	Gajah
Gato	Kucing
Gorila	Gorila
Jirafa	Jerapah
Lobo	Serigala
Mono	Monyet
Oso	Beruang
Oveja	Domba
Perro	Anjing
Toro	Banteng
Zorro	Rubah

Mascotas
Hewan Peliharaan

Agua	Air
Cabra	Kambing
Cachorro	Puppy
Cola	Ekor
Collar	Kerah
Comida	Makanan
Conejo	Kelinci
Correa	Tali
Gato	Kucing
Hámster	Hamster
Lagarto	Kadal
Loro	Burung Beo
Patas	Cakar
Perro	Anjing
Pescado	Ikan
Ratón	Tetikus
Tortuga	Penyu
Vaca	Sapi
Veterinario	Dokter Hewan

Matemáticas
Matematika

Aritmética	Hitung
Ángulos	Sudut
Circunferencia	Lingkar
Cuadrado	Persegi
Decimal	Desimal
Diámetro	Diameter
Ecuación	Persamaan
Esfera	Bola
Exponente	Eksponen
Fracción	Fraksi
Geometría	Geometri
Paralelo	Paralel
Paralelogramo	Parallelogram
Perímetro	Perimeter
Perpendicular	Tegak Lurus
Polígono	Poligon
Radio	Radius
Simetría	Simetri
Triángulo	Segitiga
Volumen	Volume

Mediciones
Pengukuran

Altura	Tinggi
Ancho	Lebar
Byte	Byte
Centímetro	Sentimeter
Decimal	Desimal
Grado	Derajat
Gramo	Gram
Kilogramo	Kilogram
Kilómetro	Kilometer
Litro	Liter
Longitud	Panjang
Masa	Massa
Metro	Meter
Minuto	Menit
Onza	Ons
Peso	Berat
Profundidad	Kedalaman
Pulgada	Inci
Tonelada	Ton
Volumen	Volume

Meditación
Meditasi

Aceptación	Penerimaan
Atención	Perhatian
Bondad	Kebaikan
Calma	Tenang
Claridad	Kejelasan
Compasión	Kasih Sayang
Despierto	Bangun
Emociones	Emosi
Felicidad	Kebahagiaan
Gratitud	Syukur
Mental	Mental
Mente	Pikiran
Movimiento	Gerakan
Música	Musik
Naturaleza	Alam
Observación	Observasi
Paz	Perdamaian
Perspectiva	Perspektif
Postura	Sikap
Silencio	Kesunyian

Mitología
Mitologi

Arquetipo	Pola Dasar
Celos	Kecemburuan
Cielo	Surga
Comportamiento	Perilaku
Creación	Penciptaan
Creencias	Keyakinan
Criatura	Makhluk
Cultura	Budaya
Desastre	Bencana
Fuerza	Kekuatan
Guerrero	Pejuang
Héroe	Pahlawan
Inmortalidad	Keabadian
Laberinto	Labirin
Leyenda	Legenda
Monstruo	Rakasa
Mortal	Fana
Rayo	Petir
Trueno	Guntur
Venganza	Balas Dendam

Naturaleza
Alam

Abejas	Lebah
Animales	Binatang
Ártico	Arktik
Belleza	Kecantikan
Bosque	Hutan
Desierto	Gurun
Dinámico	Dinamis
Erosión	Erosi
Follaje	Dedaunan
Glaciar	Gletser
Montañas	Gunung
Niebla	Kabut
Nubes	Awan
Refugio	Penampungan
Río	Sungai
Salvaje	Liar
Santuario	Suaka
Sereno	Tenang
Tropical	Tropis
Vital	Vital

Nutrición
Nutrisi

Amargo	Pahit
Apetito	Nafsu Makan
Calidad	Kualitas
Calorías	Kalori
Carbohidratos	Karbohidrat
Cereales	Sereal
Comestible	Bisa Dimakan
Dieta	Diet
Digestión	Pencernaan
Equilibrado	Seimbang
Fermentación	Fermentasi
Nutriente	Gizi
Peso	Berat
Proteínas	Protein
Sabor	Rasa
Salsa	Saus
Salud	Kesehatan
Saludable	Sehat
Toxina	Racun
Vitamina	Vitamin

Números
Angka

Catorce	Empat Belas
Cero	Nol
Cinco	Lima
Cuatro	Empat
Decimal	Desimal
Dieciocho	Delapan Belas
Dieciséis	Enam Belas
Diecisiete	Tujuh Belas
Diez	Sepuluh
Doce	Dua Belas
Dos	Dua
Nueve	Sembilan
Ocho	Delapan
Quince	Lima Belas
Seis	Enam
Siete	Tujuh
Trece	Tiga Belas
Tres	Tiga
Uno	Satu
Veinte	Dua Puluh

Océano
Samudra

Alga	Alga
Algas Marinas	Rumput Laut
Anguila	Belut
Arrecife	Terumbu
Atún	Tuna
Ballena	Paus
Barco	Perahu
Camarón	Udang
Cangrejo	Kepiting
Coral	Karang
Delfín	Lumba-Lumba
Esponja	Spons
Medusa	Ubur-Ubur
Ostra	Tiram
Pescado	Ikan
Pulpo	Gurita
Sal	Garam
Tiburón	Hiu
Tormenta	Badai
Tortuga	Penyu

Paisajes
Pemandangan Alam

Cascada	Air Terjun
Cueva	Gua
Desierto	Gurun
Estuario	Muara
Géiser	Geyser
Glaciar	Gletser
Iceberg	Gunung Es
Isla	Pulau
Lago	Danau
Laguna	Laguna
Mar	Laut
Montaña	Gunung
Oasis	Oasis
Pantano	Rawa
Península	Semenanjung
Playa	Pantai
Río	Sungai
Tundra	Tundra
Valle	Lembah
Volcán	Gunung Berapi

Países #2
Negara #2

Albania	Albania
Australia	Australia
Austria	Austria
Dinamarca	Denmark
Etiopía	Ethiopia
Francia	Perancis
Grecia	Yunani
Indonesia	Indonesia
Irlanda	Irlandia
Jamaica	Jamaika
Japón	Jepang
Laos	Laos
México	Meksiko
Pakistán	Pakistan
Portugal	Portugal
Rusia	Rusia
Siria	Suriah
Sudán	Sudan
Ucrania	Ukraina
Uganda	Uganda

Pájaros
Burung-Burung

Avestruz	Burung Unta
Águila	Elang
Canario	Kenari
Cigüeña	Bangau
Cisne	Angsa
Cuco	Cuckoo
Cuervo	Gagak
Flamenco	Flamingo
Gaviota	Gull
Gorrión	Burung Pipit
Huevo	Telur
Loro	Burung Beo
Paloma	Merpati
Pato	Bebek
Pavo Real	Merak
Pelícano	Pelikan
Pingüino	Penguin
Pluma	Bulu
Pollo	Ayam
Tucán	Toucan

Perros
Anjing.

Amistoso	Ramah
Cachorro	Puppy
Compañero	Teman
Correa	Tali
Diversión	Menyenangkan
Formación	Pelatihan
Grande	Besar
Hueso	Tulang
Instintos	Naluri
Leal	Setia
Mascota	Pet
Obediente	Patuh
Peludo	Berbulu
Pequeño	Kecil
Suave	Lembut
Terco	Keras Kepala

Pesca
Penangkapan Ikan

Agua	Air
Aletas	Sirip
Barco	Perahu
Branquias	Insang
Cable	Kawat
Cebo	Umpan
Cesta	Keranjang
Cocinar	Masak
Equipo	Peralatan
Exageración	Berlebihan
Gancho	Kait
Lago	Danau
Mandíbula	Rahang
Océano	Laut
Paciencia	Kesabaran
Peso	Berat
Playa	Pantai
Río	Sungai
Temporada	Musim

Piratas
Bajak Laut

Ancla	Jangkar
Aventura	Petualangan
Bandera	Bendera
Brújula	Kompas
Capitán	Kapten
Cicatriz	Bekas Luka
Cueva	Gua
Espada	Pedang
Isla	Pulau
Leyenda	Legenda
Loro	Burung Beo
Malo	Buruk
Mapa	Peta
Monedas	Koin
Oro	Emas
Peligro	Bahaya
Playa	Pantai
Ron	Rum
Tesoro	Harta Karun
Tripulación	Awak

Plantas
Tanaman

Arbusto	Semak
Árbol	Pohon
Bambú	Bambu
Baya	Berry
Bosque	Hutan
Botánica	Botani
Cactus	Kaktus
Fertilizante	Pupuk
Flor	Bunga
Flora	Flora
Follaje	Dedaunan
Frijol	Kacang
Hiedra	Ivy
Hierba	Rumput
Hoja	Daun
Jardín	Kebun
Musgo	Lumut
Pétalo	Kelopak
Raíz	Akar
Vegetación	Vegetasi

Profesiones #1
Profesi # 1

Abogado	Pengacara
Astrónomo	Astronom
Atleta	Atlet
Bailarín	Penari
Banquero	Bankir
Cartógrafo	Kartografer
Cazador	Hunter
Científico	Ilmuwan
Doctor	Dokter
Editor	Editor
Embajador	Duta Besar
Enfermera	Perawat
Entrenador	Pelatih
Fontanero	Tukang Ledeng
Geólogo	Ahli Geologi
Joyero	Perhiasan
Músico	Musisi
Pianista	Pianis
Psicólogo	Psikolog
Veterinario	Dokter Hewan

Profesiones #2
Profesi # 2

Astronauta	Astronot
Bibliotecario	Pustakawan
Biólogo	Ahli Biologi
Cirujano	Ahli Bedah
Dentista	Dokter Gigi
Detective	Detektif
Filósofo	Filsuf
Fotógrafo	Fotografer
Ilustrador	Ilustrator
Ingeniero	Insinyur
Inventor	Penemu
Investigador	Peneliti
Jardinero	Tukang Kebun
Lingüista	Ahli Bahasa
Médico	Dokter
Periodista	Wartawan
Piloto	Pilot
Pintor	Pelukis
Profesor	Guru
Zoólogo	Zoologi

Rellenar
Untuk Mengisi

Bandeja	Baki
Barril	Barel
Bolsa	Tas
Bolsillo	Saku
Botella	Botol
Caja	Kotak
Cajón	Laci
Carpeta	Map
Cartón	Karton
Cesta	Keranjang
Cubo	Ember
Cuenca	Baskom
Jarrón	Vas
Maleta	Koper
Paquete	Paket
Sobre	Amplop
Tarro	Jar
Tubo	Tabung

Restaurante #1
Restoran # 1

Alergia	Alergi
Café	Kopi
Cajero	Kasir
Camarera	Pelayan
Carne	Daging
Cocina	Dapur
Comida	Makanan
Cuchillo	Pisau
Ingredientes	Bahan
Menú	Menu
Pan	Roti
Picante	Pedas
Plato	Piring
Pollo	Ayam
Postre	Pencuci Mulut
Reserva	Reservasi
Salsa	Saus
Servilleta	Serbet
Tazón	Mangkuk

Restaurante #2
Restoran #2

Agua	Air
Almuerzo	Makan Siang
Aperitivo	Pembuka
Bebida	Minuman
Camarero	Pelayan
Cena	Makan Malam
Cuchara	Sendok
Delicioso	Lezat
Ensalada	Salad
Especias	Rempah-Rempah
Fruta	Buah
Hielo	Es
Huevos	Telur
Pastel	Kue
Pescado	Ikan
Sal	Garam
Silla	Kursi
Sopa	Sup
Tenedor	Garpu
Verduras	Sayuran

Ropa
Pakaian

Abrigo	Mantel
Blusa	Blus
Bufanda	Syal
Camisa	Baju
Chaqueta	Jas
Cinturón	Ikat Pinggang
Collar	Kalung
Delantal	Celemek
Falda	Rok
Guantes	Sarung Tangan
Joyas	Perhiasan
Moda	Mode
Pantalones	Celana
Pijama	Piyama
Pulsera	Gelang
Sandalias	Sandal
Sombrero	Topi
Suéter	Sweter
Vestido	Gaun
Zapato	Sepatu

Selva Tropical
Hutan Hujan

Anfibios	Amfibi
Botánico	Botani
Clima	Iklim
Comunidad	Komunitas
Diversidad	Perbedaan
Especie	Jenis
Indígena	Asli
Insectos	Serangga
Mamíferos	Mamalia
Musgo	Lumut
Naturaleza	Alam
Nubes	Awan
Pájaros	Burung
Preservación	Pelestarian
Refugio	Naungan
Respeto	Menghormati
Restauración	Restorasi
Selva	Hutan
Valioso	Berharga

Senderismo
Mendaki

Acantilado	Tebing
Agua	Air
Animales	Binatang
Botas	Sepatu Bot
Camping	Camping
Cansado	Lelah
Clima	Iklim
Cumbre	Puncak
Guías	Panduan
Mapa	Peta
Montaña	Gunung
Mosquitos	Nyamuk
Naturaleza	Alam
Orientación	Orientasi
Parques	Taman
Pesado	Berat
Piedras	Batu
Preparación	Persiapan
Salvaje	Liar
Sol	Matahari

Suministros de Arte
Perlengkapan Seni

Aceite	Minyak
Acrílico	Akrilik
Acuarelas	Cat Air
Agua	Air
Arcilla	Tanah Liat
Borrador	Penghapus
Caballete	Easel
Cámara	Kamera
Cepillos	Sikat
Colores	Warna
Creatividad	Kreativitas
Ideas	Ide
Lápices	Pensil
Mesa	Meja
Papel	Kertas
Pasteles	Pastel
Pegamento	Lem
Pinturas	Cat
Silla	Kursi
Tinta	Tinta

Surf
Berselancar

Arrecife	Terumbu
Atleta	Atlet
Campeón	Juara
Clima	Cuaca
Diversión	Menyenangkan
Espuma	Busa
Estilo	Gaya
Estómago	Perut
Extremo	Ekstrem
Fuerza	Kekuatan
Multitudes	Keramaian
Océano	Laut
Ola	Melambai
Playa	Pantai
Popular	Populer
Principiante	Pemula
Remo	Dayung
Velocidad	Kecepatan

Tecnología
Teknologi

Archivo	Fail
Blog	Blog
Bytes	Byte
Cámara	Kamera
Cursor	Kursor
Datos	Data
Digital	Digital
Estadísticas	Statistik
Fuente	Font
Internet	Internet
Investigación	Riset
Mensaje	Pesan
Navegador	Peramban
Ordenador	Komputer
Pantalla	Layar
Seguridad	Keamanan
Virtual	Maya
Virus	Virus

Tiempo
Waktu

Ahora	Sekarang
Antes	Sebelum
Anual	Tahunan
Año	Tahun
Ayer	Kemarin
Calendario	Kalender
Década	Dasawarsa
Día	Hari
Futuro	Masa Depan
Hora	Jam
Hoy	Hari Ini
Mañana	Pagi
Mediodía	Siang
Mes	Bulan
Minuto	Menit
Momento	Saat
Noche	Malam
Semana	Minggu
Siglo	Abad
Temprano	Dini

Tipos de Cabello
Jenis Rambut

Blanco	Putih
Brillante	Berkilau
Calvo	Botak
Corto	Pendek
Delgada	Tipis
Gris	Abu-Abu
Grueso	Tebal
Largo	Panjang
Marrón	Cokelat
Negro	Hitam
Ondulado	Bergelombang
Plata	Perak
Rizado	Keriting
Rizos	Ikal
Rubio	Pirang
Saludable	Sehat
Seco	Kering
Suave	Lembut
Trenzado	Dikepang
Trenzas	Kepang

Vacaciones #2
Liburan #2

Aeropuerto	Bandara
Carpa	Tenda
Destino	Tujuan
Extranjero	Orang Asing
Fotos	Foto
Hotel	Hotel
Isla	Pulau
Mapa	Peta
Mar	Laut
Ocio	Rekreasi
Pasaporte	Paspor
Playa	Pantai
Reservas	Reservasi
Restaurante	Restoran
Taxi	Taksi
Transporte	Transportasi
Tren	Kereta
Vacaciones	Liburan
Viaje	Perjalanan
Visa	Visa

Vehículos
Kendaraan

Ambulancia	Ambulans
Autobús	Bis
Avión	Pesawat
Balsa	Rakit
Barco	Perahu
Bicicleta	Sepeda
Camión	Truk
Caravana	Kafilah
Coche	Mobil
Cohete	Roket
Ferry	Feri
Furgoneta	Van
Helicóptero	Helikopter
Lanzadera	Shuttle
Motor	Motor
Neumáticos	Ban
Submarino	Kapal Selam
Taxi	Taksi
Tractor	Traktor
Tren	Kereta

Verano
Musim Panas

Alegría	Kegembiraan
Amigos	Teman
Buceo	Menyelam
Camping	Camping
Comida	Makanan
Estrellas	Bintang
Familia	Keluarga
Hogar	Rumah
Jardín	Kebun
Juegos	Permainan
Libros	Buku
Mar	Laut
Música	Musik
Ocio	Rekreasi
Playa	Pantai
Recuerdos	Kenangan
Relajación	Relaksasi
Sandalias	Sandal
Vacaciones	Liburan
Viaje	Bepergian

Verduras
Sayuran

Ajo	Bawang Putih
Alcachofa	Artichoke
Apio	Seledri
Berenjena	Terong
Brócoli	Brokoli
Calabaza	Labu
Cebolla	Bawang
Chalote	Bawang Merah
Ensalada	Salad
Espinacas	Bayam
Guisante	Kacang
Jengibre	Jahe
Nabo	Lobak
Oliva	Zaitun
Patata	Kentang
Pepino	Mentimun
Perejil	Peterseli
Seta	Jamur
Tomate	Tomat
Zanahoria	Wortel

Virtudes #1
Kebajikan #1

Apasionado	Asyik
Artístico	Artistik
Bien	Bagus
Curioso	Penasaran
Decisivo	Menentukan
Eficiente	Efisien
Encantador	Menawan
Generoso	Dermawan
Gracioso	Lucu
Imaginativo	Imajinatif
Independiente	Mandiri
Inteligente	Cerdas
Limpio	Bersih
Modesto	Sederhana
Paciente	Sabar
Práctico	Praktis
Sabio	Bijaksana
Útil	Membantu

Enhorabuena

Lo has conseguido!

Esperamos que hayas disfrutado de este libro tanto como nosotros al diseñarlo. Nos esforzamos por crear libros de la máxima calidad posible.
Esta edición está diseñada para proporcionar un aprendizaje inteligente, de calidad y divertido!

¿Te ha gustado este libro?

Una Petición Sencilla

Estos libros existen gracias a las reseñas que se publican.
¿Podrías ayudarnos dejando una reseña ahora?
Aquí tienes un breve enlace a la página de reseñas

BestBooksActivity.com/Opiniones50

¡DESAFÍO FINAL!

Reto n°1

¿Estás listo para tu juego gratis? Los utilizamos siempre, pero no son tan fáciles de encontrar. ¡Aquí están los **Sinónimos**!

Escribe 5 palabras que hayas encontrado en los rompecabezas (#21, #36, #76) y trata de encontrar 2 sinónimos para cada palabra.

Escriba 5 palabras del **Puzzle 21**

Palabras	Sinónimo 1	Sinónimo 2

Escriba 5 palabras del **Puzzle 36**

Palabras	Sinónimo 1	Sinónimo 2

Escriba 5 palabras del **Puzzle 76**

Palabras	Sinónimo 1	Sinónimo 2

Reto n°2

Ahora que te has calentado, escribe 5 palabras que hayas encontrado en los Puzzles 9, 17 y 25 e intenta encontrar 2 antónimos para cada palabra. ¿Cuántos puedes encontrar en 20 minutos?

Escriba 5 palabras del **Puzzle 9**

Palabras	Antónimo 1	Antónimo 2

Escriba 5 palabras del **Puzzle 17**

Palabras	Antónimo 1	Antónimo 2

Escriba 5 palabras del **Puzzle 25**

Palabras	Antónimo 1	Antónimo 2

Reto nº3

¡Genial! Este desafío final no es nada para ti.

¿Preparado para el reto final? Elige 10 palabras que hayas descubierto en los diferentes rompecabezas y escríbelas a continuación.

1.	6.
2.	7.
3.	8.
4.	9.
5.	10.

Ahora escribe un texto pensando en una persona, un animal o un lugar que te guste.

Puedes usar la última página de este libro como borrador.

Tu Composición:

CUADERNO DE NOTAS :

HASTA PRONTO !

Todo el Equipo

DESCUBRA JUEGOS GRATIS

GO

↓

BESTACTIVITYBOOKS.COM/FREEGAMES